GOLDMANN

W0059101

Frank Berchem
Noch mehr GEHIRN Jogging

Kopftraining nach der Fischer-Lehrl-Methode

GOLDMANN VERLAG

Umwelthinweis:
Alle bedruckten Materialien dieses Taschenbuches
sind chlorfrei und umweltschonend.
Das Papier enthält Recycling-Anteile

Der Goldmann Verlag
ist ein Unternehmen der Verlagsgruppe Bertelsmann

Vollständige Taschenbuchausgabe Januar 1996
Wilhelm Goldmann Verlag, München
© 1994 Mosaik Verlag GmbH, München
Herausgeber: Prof. Dr. med. Bernd Fischer
und Dr. Siegfried Lehrl
Konzeption: Frank Berchem
Autor: Frank Berchem
Koautor: Detlef Staadt
Umschlaggestaltung: Design Team München
Druck: Presse-Druck Augsburg
Verlagsnummer: 13908
ss · Herstellung: Sebastian Strohmaier
Made in Germany
ISBN 3-442-13908-2

1 3 5 7 9 10 8 6 4 2

Leben ist Lernen!

Denn Leben ist ein energiegewinnender und informationsverarbeitender Prozeß. Beides ist voneinander abhängig. Nur durch Information kann man Energie gewinnen, nur durch Energie Information verarbeiten!

DIE ENERGIESPIRALE BRINGT SIE IN SCHWUNG

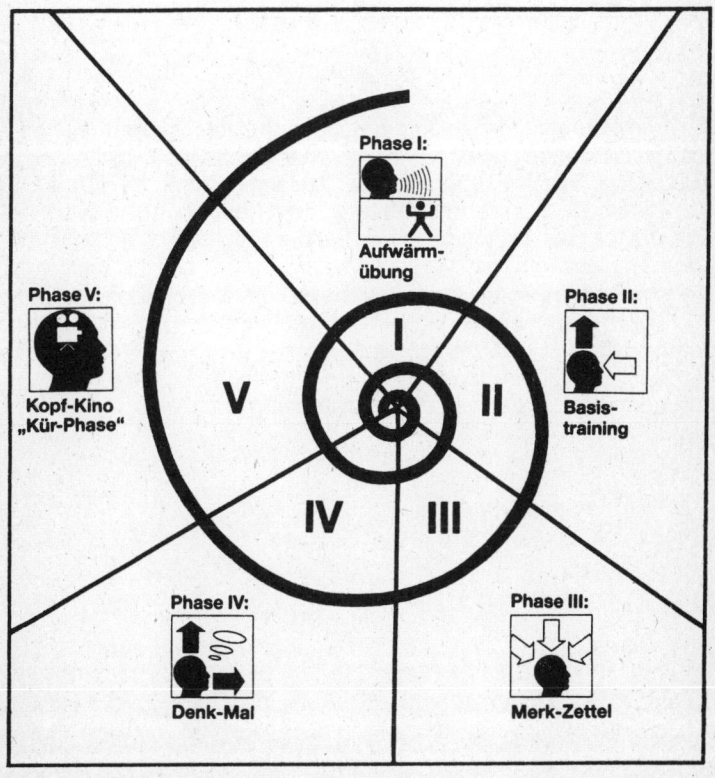

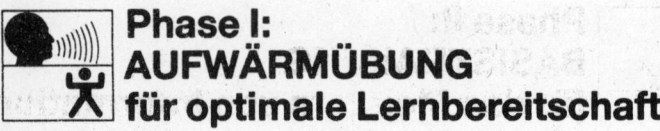

Phase I:
AUFWÄRMÜBUNG
für optimale Lernbereitschaft

- Atemtechnik für Entspannung,
  Konzentration und neue Energiegewinnung
- Gymnastische Übungen für mehr
  Durchblutung, Fitneß und Entspannung

Die Atemübungen fördern Ihre Entspannung und Konzentration.
Die gymnastischen Übungen bewirken eine körperliche Aktivierung, durch die der Kreislauf besser in Gang kommt, der Körper
und das Gehirn besser durchblutet und mit Sauerstoff und Zucker
versorgt werden. Damit gewinnen Sie die nötige Energie für die
Leistung Ihres Gehirns.
Die Phase I des Gehirn-Joggings versetzt Sie so in einen Zustand
der „vollen Wachheit". Er ist die Voraussetzung für größtmögliche
Lernbereitschaft und Lernfähigkeit.
Atemtechnik und körperliche Aktivierung schaffen optimale Vor-
aussetzungen für das geistige Basistraining (Phase II).

Phase II:
BASISTRAINING
für das Meistern von Informationen

Informationen
- besser aufnehmen
- besser verarbeiten und anwenden
- speichern

Mit dem Basistraining trainieren Sie zwei der wesentlichsten Leistungen des Gehirns:
1. die Informationsaufnahme, damit Sie mehr Informationen in kurzer Zeit aufnehmen können und
2. das Behalten der Informationen im Kurzspeicher, damit Sie sie besser und schneller anwenden können.

Auch durch diese geistigen Aktivitäten wird Ihr Gehirn stärker durchblutet. Sie bringen Ihre „grauen Zellen" in Schwung und können so dafür sorgen, daß Ihr Gehirn immer jung bleibt. Es ist nämlich nicht wahr, daß sich die Gehirnzellen im Alter verringern. Wenn man sie trainiert, bleiben und werden sie wieder voll leistungsfähig. Das haben Prof. Dr. med. Fischer und Dr. Lehrl und viele andere wissenschaftlich nachgewiesen.

Phase III:
MERK-ZETTEL
für ein besseres Gedächtnis

- mehr Können und Wissen
- Einprägen von Wissenswertem,
  z.B. über Ernährung und Gesundheit
- Auffrischen der Allgemeinbildung

Mit der III. Phase, dem „Merk-Zettel", trainieren Sie die Speicherung von Informationen im Langzeitgedächtnis.
Das bedeutet, Sie üben, sich etwas über einen längeren Zeitraum einzuprägen und sich daran zu erinnern.
Im „Merk-Zettel" bieten wir Ihnen hierfür „Wissenswertes" über Ernährung, Gesundheit, Politik und vieles andere.
Das macht geistig beweglicher und läßt Sie aktiv am Leben teilhaben.

Phase IV:
DENK-MAL
für Kreativität u. Denkvermögen

- Geist und Gedächtnis
  mit Freude trainieren
- Freizeitspaß
- Tips, Kniffe und Strategien

Die Phase IV des Gehirn-Joggings bietet Ihnen Knobeleien, Rätsel, Tricks und Kniffe, mit denen es Ihnen sicher ganz besonderen Spaß machen wird, Ihr Gehirn fitzuhalten.
Sie erwerben Strategien, mit denen es Ihnen leichter fällt

- Informationen zu verarbeiten,
- Ihr bereits vorhandenes Wissen zu erinnern,
- Probleme zu lösen.

Ein besonderes Angebot des Denk-Mals ist der „Tip des Tages". Er enthält eine zusätzliche Idee, mit der Sie sich über das Tagesprogramm hinaus beschäftigen können.
Mit dem „Denk-Netz" können Sie sich leichter erinnern.

 ## Kür-Phase V:
KOPF-KINO
für positive Lebensgestaltung

- Vorstellungskräfte entwickeln und Bilder vergegenwärtigen:
- Für seelische Ausgeglichenheit
- Für Gesundheit und Heilung
- Für das Lösen von Alltagsproblemen

Kopf-Kino ist die „Kür-Phase" des Gehirn-Joggings. Sie erfahren, wie Sie Kräfte, die in Ihnen selber ruhen, für eine positive Lebensgestaltung wecken und nutzen können. Beim Kopf-Kino erzeugen Sie vor Ihrem geistigen Auge Filme. Mit Hilfe der dabei von Ihnen entwickelten Vorstellungskräfte und positivem Denken können Sie zur Aktivierung von Selbstheilungskräften, zur Stärkung des Selbstwertgefühls und Selbstvertrauens gelangen und Lösungen für Schwierigkeiten und Probleme finden.

Es ist sinnvoll, die Phasen I bis IV des Gehirn-Joggings unmittelbar hintereinander durchzuführen. Die Phase V, das „Kopf-Kino", sollten Sie unabhängig von den ersten vier Phasen durchführen, immer dann, wenn Sie Ruhe und Lust dazu haben.

Statt eines Vorworts

Liebe Gehirn-Joggerin, lieber Gehirn-Jogger,

um fit zu sein und zu bleiben, muß man etwas für seinen Körper tun, vor allem auf die Ernährung und Bewegung achten. Das haben inzwischen viele verstanden.

Geist und Psyche täglich zu üben, war den meisten bisher jedoch nicht selbstverständlich. Doch plötzlich setzt sich die Einsicht in diese Notwendigkeit bei vielen durch.
Wahrscheinlich tragen dazu die neuen wissenschaftlichen Erkenntnisse bei, daß Gehirn, Geist und sogar Gefühle wie Muskeln geübt werden müssen, täglich.

Für den Menschen haben Gehirn und Geist besondere Bedeutung. Das geht schon daraus hervor, daß das Gehirn eine Energiezentrale des Körpers ist: Obwohl es nur 2 bis 3 Prozent des gesamten Körpers wiegt, verbraucht es 20 Prozent des Sauerstoffes und die Hälfte des Zuckers zur Gewinnung der Energie, die man beim Wahrnehmen, Denken, Erinnern, Fühlen benötigt.

Mit der Leistungsfähigkeit dieses Gehirns ist die des Geistes, Gedächtnisses und sogar der Gefühle eng verbunden. Umgekehrt regen geistige Aufgaben und Probleme das Gehirn an, seine Leistung zu erbringen. Nur ein geübter Geist und das dabei mittrainierte Gehirn schützen vor dem schleichenden Verfall. Nur Fordern fördert.

In dem vorliegenden Fünf-Phasen-Programm werden neben den Gehirn-Jogging-Basisaufgaben Aufwärm-Übungen, das „Kopf-Kino" und viele Möglichkeiten zur Verbesserung der Lebensqualität angeboten. Es ist ein Rundum-Programm. Nehmen Sie es, auch wenn es Spaß macht, ernst, mindestens so ernst wie Ernährung und Bewegung.

Mit freundlichen Grüßen
Ihre

Prof. Dr. med. B. Fischer

Dr. S. Lehrl
Diplom-Psychologe

Alles Lernen ist ein Sich-Erinnern. Das ist ein Wort von Platon.
Eine alte chinesische Wahrheit sagt: Lernen ist wie rudern gegen
den Strom. Sobald man aufhört, treibt man zurück. Und von Marc
Aurel stammt der Satz: Unser Leben ist das Produkt unserer
Gedanken.
Diese drei Worte hätten wir am liebsten GeJo und GeJog, unseren
Gehirn-Jogging-Partnern, in den Mund gelegt, denn sie bilden
genau den Hintergrund, vor dem wir unser Gehirn-Jogging-Pro-
gramm entwickelt haben.

Als Symbol haben wir die Spirale ausgewählt. Die Spirale ist
Strukturelement und Ordnungsprinzip der Natur, von Molekülen
bis hin zu den Milchstraßen. Sie steht auch für die Gewinnung von
Dynamik und Energie. Leben ist Energiegewinnung. Nur durch die
Verarbeitung von Informationen wird Energie gewonnen und nur
durch Energie kann man Informationen gewinnen.
Die drei Spiralen ineinander sollen die Einheit von Körper, Geist
und Seele versinnbildlichen.
Die Basis für das Gehirn-Jogging-Programm sind viele wissen-
schaftliche Untersuchungen und Erprobungen, ganz besonders
die von Prof. Dr. Fischer und Dr. Lehrl, die zu sehr positiven
Ergebnissen bei nahezu allen, die mitmachten, geführt haben.
Das nun entwickelte Gehirn-Jogging-Programm mit den fünf aufeinander abgestimmten Phasen – eine biologisch-ganzheitliche
Methode – soll aufbauend auf diesen Ergebnissen Ihre geistigen,
seelischen und körperlichen Kräfte, die einander bedingen, fördern helfen.
Die Leistung aber müssen Sie persönlich, am besten täglich,
erbringen, damit Sie immer auf der Höhe sind und Ihre Kontakt-
fähigkeit und Handlungskompetenz, Ihre Selbstbestimmung, Intelligenz und Gesundheit erhalten und verbessern.

Gehen Sie mit Freude an Ihr tägliches Gehirn-Jogging-Programm,
denn was man gerne macht, macht man gut. Wenn etwas miß-
lingt, eine Aufgabe einfach nicht zu lösen scheint, Fragen nicht zu
beantworten sind, machen Sie sich keine Gedanken. Seien Sie
auch mit kleinen Fortschritten zufrieden und freuen Sie sich darüber. Alle, die an der Entwicklung des Gehirn-Jogging-Pro-
gramms beteiligt sind, wünschen Ihnen viel Spaß und Erfolg.

Ihr
Frank Berchem

PS: Übrigens, Jogging, kommt aus dem Englischen: „to jog" heißt
„anstoßen, aufrütteln", und das wollen GeJo und GeJog.

Phase I: Aufwärmübung

Sie sollten Ihr Gehirn-Jogging immer mit der Aufwärmübung beginnen. Wenn Sie sich durch die Atemübung entspannt und konzentriert haben und Körper und Gehirn durch Gymnastik und die isometrischen Übungen besser durchblutet werden, haben Sie sich bestmöglich für das folgende Basistraining vorbereitet. Dann haben Sie die optimale Lernbereitschaft und Lernfähigkeit erreicht.

An jedem Tag werden wir Sie immer wieder auffordern, an die so wichtige **Atemtechnik** zu denken. Die Atemübung dient auch der Entspannungsphase beim Kopf-Kino. Im übrigen hilft sie immer dann, wenn Sie sehr aufgeregt sind oder sich zerschlagen fühlen. Das richtige Atmen bringt Ihren Körper und Geist in Einklang.

Alle **gymnastischen Übungen** dienen dem Dehnen, Strecken und Lockern. Sie sollten alle Übungen ruhig und mit gleichmäßigem Kraftaufwand durchführen. Vermeiden Sie abrupte, harte Bewegungen.

Isometrische Übungen dienen der Durchblutung und Kräftigung, vor allem aber der Anspannung und Entspannung.

Isometrisch nennt man Muskelanspannungsübungen, bei denen man kurzfristig mit aller verfügbaren Kraft gegen einen eingebildeten oder wirklichen Widerstand drückt oder daran zieht.

Führen Sie jede Übung 6 Sekunden lang aus, und lassen Sie danach sofort los, und entspannen Sie Ihre Muskeln. Die Entspannung müssen Sie spüren und genießen.

Bitte machen Sie während der Übungen keine Preßatmung, sondern atmen Sie ruhig und gleichmäßig weiter.

———————— • ————————

Bei den nächsten Phasen geht es mit dem Schreibstift weiter. Übungen mit einem Pfeil werden auf der nächsten Doppelseite fortgesetzt. Dort finden Sie auch die Lösungen.

Wie Sie mit den 5 Phasen trainieren können

Phase II: Basistraining

Bei der Übung der **Informationsaufnahme** geht es um das schnelle Erfassen von Situationen. Deshalb kommt es auf das Tempo an. Dazu gibt es Aufgaben, bei denen Sie Buchstaben, Zahlen oder Zeichen suchen müssen , z. B. Labyrinthe, Irrgärten u. ä.. Sie fördern damit vor allem Ihre geistige Beweglichkeit, Schnelligkeit und Konzentration. Die **Informationsverarbeitung und -anwendung** wird verbessert durch Übungen wie Rückwärtslesen, Zahlenfolgen und Anagramme. Hier wird vor allem kombinatorisches und logisches Denken gefördert.

Bei der dritten Aufgabenart werden die **Informationsaufnahme und -verarbeitung** gleichzeitig trainiert, z. B. bei „Buchstaben kreuz und quer", Zahlenquartetten oder Wortsuchspielen. Buchstaben und Zahlen sollen erkannt und zu Wörtern bzw. Summen zusammengefaßt werden. Damit werden sowohl die geistige Schnelligkeit als auch das kombinatorische, logische Denken gefördert.

Das **Speichern von Informationen** sollten Sie mit folgenden Übungen trainieren: Zahlen- oder Buchstabenkombinationen einprägen, Namen, Begriffe und Telefonnummern u. v. a. m.

Dabei prägen Sie sich jeweils ein, was in der Aufgabe steht und blättern danach um. Auf der nächsten Doppelseite wird die Aufgabe fortgesetzt. Sie sollen dann aus dem Gedächtnis eine Frage beantworten. Zur Kontrolle können Sie zurückblättern.

Bei den Phasen III und IV geht es hauptsächlich um das Denken, Lernen und Behalten.

Phase III: Merk-Zettel

Durch systematisches Training kann jeder sein Gedächtnis verbessern. Das soll durch das **Wissenswerte** im Merk-Zettel erreicht werden.

Anhand eines Textes können Sie Interessantes (oder besser gesagt „Wissenswertes") erfahren und gleichzeitig Ihr Gedächtnis üben. Am nächsten Tag stellen wir Ihnen einige Fragen zu dem Text. So trainieren Sie Ihr Langzeitgedächtnis.

Jedes Wochenprogramm hat ein bestimmtes Thema, also Wissenswertes über Ernährung, Gesundheit, Politik und Wirtschaft etc.

Wenn Sie Ihren **Tagesablauf** systematisch **planen,** schaffen Sie sich mehr Zeit, um Sinnvolles und Schönes zu tun. Außerdem entlasten Sie Ihr Gedächtnis von Kleinigkeiten.

Am folgenden Tag können Sie feststellen, ob Sie den Tagesplan eingehalten haben. Wenn Sie es einmal nicht geschafft haben, überlegen Sie, woran es gelegen haben könnte. Haben Sie sich zu viel vorgenommen oder waren die Ziele falsch oder zu hoch gesteckt? Planen Sie auch Dinge in Ihren Tagesablauf ein, die Ihnen Spaß machen und Dinge, die Sie fordern.

Phase IV: Denk-Mal

Denk mal wieder! Dabei gilt es, Aufgaben und Probleme phantasievoll zu lösen und Ihre Freizeit zu gestalten.

Die **Knobeleien** sind absichtlich etwas schwieriger. Hier geht es nicht um Schnelligkeit. Wichtig ist es, überhaupt eine Lösung zu finden. Dabei müssen Sie Ihre „grauen Zellen" schon ziemlich anstrengen. Oft ist die Lösung nur zu finden, wenn Sie etwas Phantasie anwenden und auch mal etwas ausprobieren.

Bei den **Lernstrategien** bekommen Sie Tips und Kniffe, also Werkzeuge, wie Sie noch leichter und effektiver lernen und behalten können. Einige Beispiele:

– Bilder prägen sich durch „in Worte fassen" besser ein;
– sinnlose Buchstabenkombinationen können Sie durch „Sinngebung" leichter behalten;
– Zahlen lassen sich durch Rhythmisierung leichter behalten;
– neue Informationen prägen sich durch Verknüpfungen mit Ihren bisherigen Erfahrungen besser ein.

Geistige Fitneß zu trainieren soll Spaß machen und Lebensfreude wecken. Deshalb machen wir Ihnen im **Tip des Tages** Vorschläge, die Sie für ein aktives Leben übernehmen können, z. B. Gäste einladen, Ausflüge machen, ein Museum besuchen und vieles andere mehr.

Wie Sie mit den
5 Phasen trainieren können

Auf der nächsten Doppelseite finden Sie das **Denk-Netz.** Es ist eine brillante Möglichkeit, Informationen im Gedächtnis zu speichern und sich zu erinnern.

Ein Stichwort, z. B. das Thema eines Textes, kommt in die Mitte der Seite. Von hier aus zweigen Sie sternförmig Striche ab und schreiben passende, wichtige Begriffe daran. Allmählich entstehen netzartige Verknüpfungen. Das Denk-Netz hilft Ihnen, leichter zu erinnern und besser zu behalten.

Sie haben jeden Tag auf dieser Seite des „Denk-Mals" die Möglichkeit, über das „Wissenswerte" der Phase III solch ein Denk-Netz anzufertigen. Versuchen Sie dabei, neue Informationen mit Ihren Erfahrungen zu verknüpfen.

Phase V: Kopf-Kino

Mit dem Kopf-Kino können Sie Ihr seelisches Gleichgewicht und Wohlbefinden erlangen. Sie eignen sich die Fähigkeit an, sich auf Ihre inneren und äußeren Lebensbedingungen einzustellen und sie in Harmonie zu bringen. Nutzen sie die Fähigkeiten, die in Ihnen ruhen, damit Sie mit Ihren Problemen, Aggressionen, Krankheiten, Entbehrungen, mit Streß und Ärger besser umgehen können.

Das mentale Training des Kopf-Kinos hilft Ihnen, sich selbst zu akzeptieren, Vertrauen zu sich selbst und Ihrem Organismus zu entwickeln und mit Willensstärke Ziele anzustreben und zu erreichen.

Das für Sie so bedeutende Kopf-Kino-Programm, ob für seelische Ausgeglichenheit, für Gesundheit und Heilung oder für das Lösen von Alltagsproblemen, müssen Sie sich natürlich für Ihre speziellen Bedürfnisse auswählen. Wir können Sie nur täglich ermuntern, daß Sie es wirklich durchführen.

Gedanken nehmen Gestalt an, werden zu Bildern und bewegen sich. Schauen Sie an einem trüben Tag aus dem Fenster, sagen Sie sich: „Jetzt ein Urlaub im Süden, wäre das schön!" In Ihrem Kopf haben Sie dabei aber nicht einfach die Wörter „Urlaub", „Süden", „schön", sondern bunte, greifbare Bilder: Strand, blaues Meer,

Einführung
Kopf-Kino

Palmen, Sonne. Sie können die Meeresbrandung hören, den Wind und die Wärme der Sonnenstrahlen spüren.

Ähnlich funktioniert **Kopf-Kino.** Das Neue und Wichtige hierbei ist aber, daß Sie Ihre Gedanken gezielt als Film ablaufen lassen. Genauso wie Sie sich mit dem Urlaubsbild an einem trüben, grauen Novembermorgen in eine angenehme Stimmung versetzen, lassen sich viele Ihrer unangenehmen Gedanken und Alltagssorgen in ein angenehmes, positives Denken umwandeln. Sie werden erleben, wie Sie mit Hilfe Ihrer Vorstellungskräfte zu einer harmonischen Lebensgestaltung gelangen. Das können Sie jetzt selbst mit den folgenden Kopf-Kino-Übungen ausprobieren.

3 Kopf-Kino-Programme für verschiedene Anlässe:

1. Für seelische Ausgeglichenheit

Kopf-Kino beginnt immer mit der Entspannung. Es ist sehr wichtig, daß Sie sich so tief wie möglich entspannen, um so intensiver werden Sie Ihr Kopf-Kino erleben. Hilfreich ist hier z. B. die Atemtechnik, die Sie auch in Phase I des Gehirn-Joggings, der Aufwärmübung, anwenden werden.

Wenn Sie in einem entspannten Zustand sind, stellen Sie sich bitte eine Situation vor, in der Sie etwas Schönes erlebt haben. Oder denken Sie sich eine Situation aus, in der Sie gewöhnlich Schönes erleben und sich gut fühlen. Begeben Sie sich gedanklich dorthin, und erzeugen Sie vor Ihrem inneren Auge ein Bild dieser Situation.

Lassen Sie dieses Bild lange auf sich wirken. Sie bemerken, wie dieses Bild langsam immer stärker und intensiver wird. Ihre Stimmung wird ähnlich der, die Sie immer in dieser Situation hatten oder haben. Ihre Stimmung wird immer besser. Sie werden ausgeglichener und gelassener. Lassen Sie das Bild eine Weile vor Ihrem inneren Auge ruhen.

Nach einigen Minuten, die genaue Dauer bestimmen Sie selbst, beginnen Sie, von Ihrem Kopf-Kino auf die jetzige Situation umzuschalten.

Spannen Sie einmal 5 Sekunden lang alle Ihre Muskeln an, lockern Sie sie wieder und kehren Sie dabei in die Wirklichkeit zurück. Ihre gute Stimmung, Ihre Ausgeglichenheit aus der Kopf-Kino-Zeit behalten Sie aber für den ganzen Tag.

2. Für Gesundheit und Genesung

Zuerst beginnen Sie auch hier, einen Zustand der völligen Entspannung zu erreichen. Wenn Sie diesen Zustand z. B. mit Hilfe der Atemtechnik erreicht haben, beginnen Sie damit, vor Ihrem geistigen Auge ein „Heilungsbild" zu erzeugen.

Haben Sie eine Verletzung, z. B. einen Knochenbruch oder frische Operationsnarben, dann stellen Sie sich vor, wie Ihre roten Blutkörperchen die verletzte Stelle umgeben, Sauerstoff zuführen und „beleben". Denken Sie sich auch einen vermehrten Zustrom von weißen Blutkörperchen. Sie vernichten das Krankhafte und transportieren es weg.

Stellen Sie sich vor, wie ganz viele weiße Blutkörperchen zu der betroffenen Stelle hinströmen und ihre Arbeit verrichten, und halten Sie dieses Bild lange fest. Schicken Sie gedanklich immer mehr Energie an die krankhafte oder verletzte Stelle, sie wird ganz warm werden.

Behalten Sie das für Sie angenehme „heilende Bild" 5 bis 10 Minuten bei, und machen Sie es zum Mittelpunkt Ihres Denkens. Das beschleunigt den Heilungsprozeß erheblich.

Wenn Sie bemerken, daß Ihre Gedanken abschweifen wollen, lenken Sie sie wieder sanft auf das heilende Bild zurück. Sollte sich das Bild jedoch weiterentwickeln, lassen Sie es geschehen und beobachten Sie jede dieser Entwicklungen.

Konzentrieren Sie sich in den nächsten Tagen ungefähr 2- bis 3mal täglich einige Minuten in völliger Entspannung auf dieses Bild.

Beobachten Sie den Unterschied zwischen Ihrem Befinden während des Kopf-Kinos und Ihren bisherigen Reaktionen auf Schmerzen oder Krankheiten. Früher haben Sie vielleicht versucht, Ihr

Einführung
Kopf-Kino

Unbehagen zu verdrängen oder zu ignorieren. Durch solche Reaktionen verkrampfen Sie jedoch und behindern damit die Heilungskräfte Ihres Körpers. Durch die hier beschriebene Form des Kopf-Kinos jedoch mobilisieren Sie alle natürlichen Heilungskräfte, die in Ihnen ruhen. So können Sie selbst Ihren Heilungsprozeß begünstigen.

Beenden Sie dieses Kopf-Kino-Programm mit dem angenehmen, „heilenden Bild", spannen Sie dann 5 Sekunden lang alle Ihre Muskeln einmal kräftig an, lockern Sie sie wieder und kehren Sie dabei in die Wirklichkeit zurück.

Mit dem Kopf-Kino und den dadurch entwickelten Selbstheilungskräften können Sie viel für die unterschiedlichsten Krankheiten tun.

3. Für das Lösen von Alltagsproblemen

Wenn Sie Kopf-Kino anwenden, können Sie auch viele sogenannter Alltagsprobleme leichter lösen. Oft müssen Sie Situationen bewältigen, Ziele bestimmen und erreichen oder Entscheidungen treffen.

Zwei Beispiele

a) Entscheidungen leichter treffen
Wenn Sie ein Ziel ansteuern und den richtigen Weg dortin noch nicht kennen, dann versuchen Sie doch einmal, mit Kopf-Kino den besten Weg zu finden.

Beginnen Sie auch hier mit der Entspannungsübung.
Wenn Sie den Zustand der völligen Entspannung erreicht haben, stellen Sie sich das Ziel vor, das Sie erreichen wollen, z. B. das Erlernen einer Fremdsprache.

Richten Sie Ihre Aufmerksamkeit auf dieses Ziel.
Lassen Sie das Bild, das dabei entsteht, auf sich wirken.
Überlegen Sie dann, welche Möglichkeiten Sie haben, dieses Ziel zu erreichen. In unserem Beispiel z. B. das Heimstudium mit Bü-

chern und Cassetten oder den Besuch eines Kurses in Ihrer Volkshochschule. Suchen Sie sich dann eine Möglichkeit aus, und tun
Sie so „ als ob" Sie sich für einen Weg entschieden hätten, z. B. für
die erste Möglichkeit, das Heimstudium.

Stellen Sie sich die Folgen dieser Entscheidung bildlich vor. Erzeugen Sie vor Ihrem inneren Auge Bilder: Sie sehen sich selbst beim
Heimstudium. Sie sind allein in Ihrer Wohnung und machen es sich
gemütlich. Sie lesen in Ihren Sprach-Büchern oder hören eine
Sprach-Cassette. Sie hören sich laut die Fremdsprache sprechen
und sind zufrieden, daß Sie das können. Lassen Sie diese Bilder auf
sich wirken, und richten Sie Ihre Aufmerksamkeit auf die Gefühle
und körperlichen Empfindungen, die dabei entstehen. Diese Reaktionen werden von Ihnen genau wahrgenommen und festgehalten.

Lassen Sie jetzt dieses Bild schwächer werden und beginnen Sie,
sich auf den 2. Weg zu konzentrieren. Erzeugen Sie vor Ihrem
inneren Auge Bilder, wie Sie an einem Kurs der Volkshochschule
teilnehmen. Sie sehen sich, wie Sie in einer Gruppe von Leuten eine
Fremdsprache erlernen. Erleben Sie die Gefühle, die Sie dabei
wahrnehmen. Wenn Sie ein Gefühl der Geborgenheit erleben, dann
ist Ihre Entscheidung für die Volkshochschule begünstigt. Diese
Eindrücke halten Sie fest.

Versuchen Sie jetzt, die Empfindungen, die Sie bei den zwei
möglichen Wegen hatten, miteinander zu vergleichen. Versuchen
Sie herauszubekommen, welcher Weg der für Sie angenehmste ist.
Lassen Sie sich für diese Entscheidung Zeit.

Am Ende durchleben Sie das Gefühl, die Körperwahrnehmung des
„besten" Weges noch einmal intensiv. Halten Sie diese Wirkung
auch mit geöffneten Augen noch fest, nachdem Sie das Bild vor
Ihrem inneren Auge schon zurückgenommen haben.

Sie haben Ihre Entscheidung getroffen, der Weg ist gefunden.
Beenden Sie dieses Kopf-Kino-Programm mit dem Bild, wie Sie
erfolgreich Ihre Fremdsprache erlernen. Spannen Sie dann einmal
5 Sekunden lang alle Ihre Muskeln an, lockern Sie sie wieder und
kehren Sie dabei in die Wirklichkeit zurück.

Einführung
Kopf-Kino

Es wird deutlich, daß nicht nur verstandesmäßige Überlegungen, sondern auch die Gefühle und Körperwahrnehmungen über den endgültigen Weg entscheiden. Letzteres sollte in der heutigen Zeit wieder stärker betont werden.

Durch diese Methode können Sie eine Entscheidung konkret treffen oder ein Problem lösen. Sie haben eine allgemeine Lösungsstrategie erworben.

b) Ziele leichter erreichen

Sie müssen zu einem Amt gehen und eine sehr wichtige Angelegenheit erledigen. Wenn Sie sich nicht gut fühlen und sich nicht sicher sind, ob Sie das schaffen, machen Sie Kopf-Kino.

Beginnen Sie wieder mit Entspannungsübungen. Haben Sie den Zustand der völligen Entspannung erreicht, beginnen Sie, vor Ihrem inneren Auge Bilder zu erzeugen. Nehmen Sie in Ihren Gedanken den Weg zum Amt vorweg. Lassen Sie diesen Weg und den Eintritt in das Amt und in das Büro Ihres Sachbearbeiters vor Ihrem inneren Auge wie einen Film ablaufen.

Stellen Sie sich vor, der Tag X ist da: Sie sind gut gelaunt. Sie ziehen schicke Kleidung an, verlassen das Haus und begeben sich auf den Weg. Sie grüßen freundlich Ihre Nachbarn und haben auch noch Zeit, ein paar Worte zu wechseln. Sie erzählen von Ihrem bevorstehenden Besuch beim Amt. Die Nachbarn wünschen Ihnen alles Gute. Sie gehen weiter und sind ganz ruhig und zuversichtlich.

Sie betreten das Amtsgebäude und fragen nach dem Weg zum Zimmer Ihres Sachbearbeiters. Sie fragen ganz ruhig und freundlich. Sie erreichen das Zimmer und müssen noch vor der Tür warten.

Sie sind froh, rechtzeitig von zu Hause aufgebrochen zu sein. So haben Sie jetzt noch etwas Zeit, sich vom Weg auszuruhen und sich noch einmal zu überlegen, was Sie Ihrem Sachbearbeiter sagen wollen und wie Sie Ihren Antrag begründen.

Sie betreten schließlich das Zimmer, grüßen Ihren Sachbearbeiter mit einem freundlichen Lächeln und schauen ihn dabei an. Dann tragen Sie ihm Ihre Wünsche vor.

Sie sagen sich: Mein Sachbearbeiter ist für mich da, er hilft mir, er gibt mir Auskunft. Er wird von uns Bürgern dafür bezahlt. Der Sachbearbeiter ist genauso freundlich zu mir. Wenn ich ein Fremdwort oder eine Erklärung nicht verstehe, dann frage ich nach. Erst wenn ich mein Anliegen vollständig vorgetragen habe und es gründlich behandelt wurde, verabschiede ich mich fröhlich.

Beenden Sie dieses Kopf-Kino-Programm mit dem Bild, wie Sie gut gelaunt und erfolgreich das Amt verlassen.

Spannen Sie einmal 5 Sekunden lang alle Muskeln an, lockern Sie sie wieder und kehren Sie dabei in die Wirklichkeit zurück.

Schauen Sie sich in den Tagen vor einem Amtsbesuch dieses Kopf-Kino mehrmals an. Am Tag X führen Sie diesen Besuch dann erfolgreich durch.

Wichtig! Für alle Kopf-Kino-Programme gilt:

Kopf-Kino besteht aus 3 Etappen:

- **Entspannung**
- **Bilder vergegenwärtigen, Film erzeugen**
- **Rückkehr in die Gegenwart**

Phase I:
Aufwärmübung

1. Teil: Atemtechnik

Die Atemübungen werden in jedem Wochenprogramm und an jedem Tag wiederholt, weil sie so wichtig sind:

■ Beim Einatmen gelangt frische, stark sauerstoffhaltige Luft in die Lungen.

■ Die Lungen sorgen für einen Austausch: Das Blut nimmt den Sauerstoff auf und gibt Kohlendioxid ab, das ausgeatmet wird.

■ Das Blut transportiert dann den Sauerstoff in alle Körperzellen, wo er zur Energieerzeugung benötigt wird.

Bewußtes und intensives Atmen ist notwendig, weil es die Sauerstoffaufnahme und die Energiegewinnung erleichtert. Gleichzeitig wirkt dieses verlangsamte Atmen aber auch beruhigend und entspannend.

Diesen Entspannungs-Effekt können Sie verstärken, wenn Sie sich mit dem Kopf-Kino ein Bild vorstellen. In den ersten beiden Wochenprogrammen haben wir Ihnen dazu eine sanft fließende Meereswelle vorgeschlagen. Sie können dieses Bild beibehalten oder aber auch andere Bilder wählen:

■ ein sich im leichten Wind bewegendes Kornfeld,

■ einen sich majestätisch wiegenden Baumwipfel,

■ langsam am Himmel ziehende Wolken.

Den Atemrhythmus kennen Sie schon:
6 Sekunden einatmen, dann 3 Sekunden die Luft anhalten, 6 Sekunden ausatmen und dann 3 Sekunden Pause. Wiederholen Sie die Atemübung bitte etwa 10 mal.

1. Woche - 1. Übungstag

2. Teil: Gymnastische Übungen

Die gymnastischen und isometrischen Übungen fördern Ihre momentane Lernbereitschaft und Lernfähigkeit und sind deshalb eine ideale Vorbereitung für die folgenden Phasen des Gehirn-Joggings.

Arm-Schulter-Übung

Diese Übung ist gut zur Kräftigung des Schultergürtels und der Arme.

Sie können diese Übung im Stehen oder Sitzen ausführen. Heben Sie die Arme hoch über den Kopf, und falten Sie die Hände.

Drücken Sie die Arme aufwärts, so hoch Sie können. Bei gestreckten Armen beugen Sie den Rumpf nach links. Richten Sie sich wieder auf, und beugen Sie sich nach rechts.

Führen Sie diese Übung je 5 mal durch.

Isometrie – Muskelanspannungsübungen

Isometrisch nennt man Übungen, bei denen die Muskeln mit stärksten Kräften wirken, aber durch eingebildete oder vorhandene Widerstände keine Bewegungen ausführen können. Durch diesen Bewegungsstopp werden die Muskeln besonders stark angespannt, was die Durchblutung fördert und den gesamten Kreislauf aktiviert.

Wichtig ist die wechselnde Anspannung und Entspannung der Muskeln. Machen Sie jede Übung 3 mal. Führen Sie jede Übung nur 6 Sekunden lang aus, lassen Sie die Muskeln anschließend sofort los, und entspannen Sie. Atmen Sie bitte auch während der Anspannung gleichmäßig weiter.

Stellen Sie sich vor, Sie hätten ein Seil in Ihren Händen und müßten damit ein schweres Gewicht zu sich heranziehen. Fassen Sie kräftig zu, und ziehen Sie gleichmäßig, indem ein Arm immer nach vorne wechselt, während der andere Arm weiterzieht.

25

Phase II:
Basistraining

1. Teil: Informationsaufnahme

Kippfigur

Was sehen Sie auf diesem Bild?
Ein Tip: Schauen Sie genau! Es sind nämlich zwei Bilder.

Gleiche Paare

Schauen Sie sich bitte die 2 Zeilen in den Rahmen genau an.
Einige sind gleich, andere sind etwas unterschiedlich.
Kreuzen Sie bitte möglichst schnell die Paare an, die genau
gleich sind.

KHDFSE	543223	CDEDFG	896898	OPQUVW
KDHFSE	543223	CDEDFG	896988	OQPUVW

562951	DCOPUT	233876	STUFFG	637688
562951	DCOPUT	233876	STFUFG	637688

Wie viele gleiche Paare sind es?

2. Teil: Informationsspeicherung

Buchstabenreihen

Versuchen Sie bitte, sich die folgenden Buchstabenreihen gut einzuprägen. Danach blättern Sie bitte um. ➤
Lesen Sie jede Buchstabenreihe laut vor:

Straßenschilder

Versuchen Sie, sich diese Straßenschilder einzuprägen.

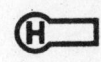

Blättern Sie jetzt bitte um. ➤

Phase II:
Lösungen und Fortsetzungen

Kippfigur

Das Bild zeigt **zwei** Frauen, eine alte und eine junge.

Das Gesicht der alten Frau ist gleichzeitig das Profil der jungen Frau, die nach rechts schaut. Das linke Auge der alten Frau wird zum Ohr der jungen. Das rechte Auge wird zum linken der jungen Frau. Der Mund wird zur Halskette und der Nasenflügel zum Unterkiefer. Versuchen Sie nun einmal, das Bild ganz schnell hin und her kippen zu lassen.

Gleiche Paare

Es sind 6 gleiche Paare.

	X		X	
KHDFSE	543223	CDEDFG	896898	OPQUVW
KDHFSE	543223	CDEDFG	896988	OQPUVW

562951	DCOPUT	233876	STUFFG	637688
562951	DCOPUT	233876	STFUFG	637688
X	X	X		X

Auf den zweiten Blick sieht manches anders aus!

1. Woche - 1. Übungstag

Fortsetzungen

▶ Buchstabenreihen
Welche Buchstaben fehlen hier?
Ergänzen Sie die fehlenden, und vergleichen Sie.

▶ Straßenschilder
Welche Straßenschilder haben Sie schon auf der Vorderseite gesehen?

Zur Kontrolle können Sie wieder zurückblättern.

Phase III:
Merk-Zettel

Wissenswertes

Der Stoffwechsel des Zuckers

Mit der Nahrung werden u. a. Kohlenhydrate aufgenommen. Man bezeichnet sie als Zucker. Sie sind für die Energieversorgung sehr wichtig. Es gibt 3 Gruppen von Zucker:

■ Vielfachzucker:

Stärke — in Getreide, Hülsenfrüchten, Mais, Kartoffeln, Reis

Glykogen — in Muskelfleisch, auch in Pilzen

Zellulose — in Zellwänden von Pflanzen

■ Zweifachzucker:

Rohrzucker — in Zuckerrüben und Zuckerrohr

Malzzucker — entsteht beim Abbau von Stärke

Milchzucker — in Milch

■ Einfachzucker:

Traubenzucker, Fruchtzucker — in süßen Früchten und Honig

Die Vielfach- und Zweifachzucker müssen durch die Verdauung in Einfachzucker umgewandelt werden. Dann nimmt das Blut den Zucker durch die Darmwände auf und transportiert ihn zu allen Zellen. Ständig ist also etwas Zucker (Traubenzucker) im Blut. Man nennt dies den Blutzuckerspiegel. Der Traubenzucker wird von den Körperzellen dem Blut entnommen und mit Hilfe von Sauerstoff zu Kohlendioxid und Wasser verbrannt. Hierbei wird Energie frei. Das Kohlendioxid wird ausgeatmet und überschüssiges Wasser durch den Harn ausgeschieden.

Für eine gleichmäßige und langfristige **Energieversorgung** sind Vielfachzucker am besten geeignet, weil sie langsamer verdaut werden. Statt mit Traubenzucker oder Haushaltszucker sollten Sie sich deshalb vor allem mit Getreideprodukten, Kartoffeln, Hülsenfrüchten, Mais und Reis ernähren.

Auch hier gilt der Grundsatz der maßvollen Ernährung: zuviel Zucker wird in Fett umgewandelt und gespeichert.

1. Woche - 1. Übungstag

Planungsbogen für den Tag   **Datum:**
_____

Erfüllen Sie sich Ihre persönlichen Wünsche und Bedürfnisse, aber kommen Sie auch den Anforderungen und Verpflich-
tungen nach, die an Sie gestellt werden. Der Planungsbogen
hilft Ihnen, Ihren Tagesablauf zu ordnen und zu organisieren,
damit Sie sich auf für Sie Wesentliches und Erfreuliches konzentrieren können. Tragen Sie alles ein, z. B. Arzttermine, Ein-
käufe, Verabredungen, auch täglich Wiederkehrendes wie
z. B. Gehirn-Jogging.

Vormittag: _Gehirn-Jogging_ _____

_____

_____

_____

Nachmittag: _____

_____

_____

_____

Abend: _____

_____

_____

Mein besonderes Tagesziel: _____

_____

_____

_____

Phase III:
Merk-Zettel – Fragen zum Vortag

Wissenswertes

An dieser Stelle finden Sie immer Fragen zum „Wissenswerten"
des Merk-Zettels vom Vortag.

Am ersten Übungstag können wir Ihnen ja leider noch keine
Fragen stellen, aber zu dem Text „Der Stoffwechsel des Zuk-
kers" werden wir Sie schon morgen etwas fragen.

> ... und ich gebe Ihnen Tips, wie Sie die Texte besser behalten können!

1. Woche - 1. Übungstag

Diese Seite soll Sie anregen, darüber nachzudenken, ob Sie Ihren Tagesplan eingehalten haben.

Wenn es nicht so ganz geklappt hat, dann überlegen Sie sich doch einmal, woran es gelegen hat.
Vielleicht haben Sie sich zuviel vorgenommen oder falsche Ziele gesteckt?

Achten Sie vor allem darauf, daß alles, was Ihnen Spaß macht, nicht zu kurz kommt!
Wenn Sie ein schwieriges Ziel erreicht haben, sollten Sie sich auch einmal etwas Schönes gönnen!

 # Phase IV: Denk-Mal

Magisches Quadrat

Versuchen Sie bitte, die Zahlen von 1 bis 16 so auf die Felder des Quadrates aufzuteilen, daß die Summe von je vier nebeneinanderstehenden Zahlen (waagerecht, senkrecht oder diagonal) immer die Zahl 34 ergibt.

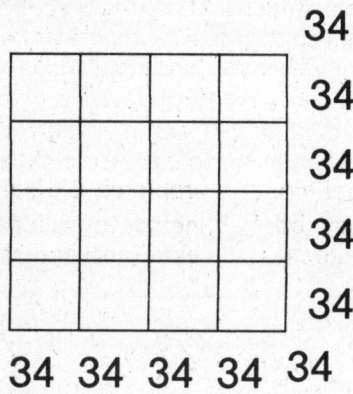

Lern-Strategie

Das Behalten von Wortlisten

Wenn Sie Wortlisten behalten wollen, können Sie Ihrem Gedächtnis helfen, indem Sie jedes Wort mit einer bildhaften Vorstellung verknüpfen. Diese sollte möglichst ungewöhnlich und lebendig sein: Stellen Sie sich z. B. eine Kaffeetafel vor. Sie ist gedeckt mit Tellern und Tassen. Ein Strauß Rosen steht auch auf dem Tisch. Es gibt leckeren Kuchen und frischen, duftenden Kaffee. Alle Wörter einer Wortliste können Sie mit einem solchen Bild verbinden: z. B. Tasse, Rosen, Kuchen etc.

Wenn Sie sich dann an die Wörter erinnern wollen, rufen Sie zunächst das Bild in Ihr Gedächtnis. Wenn Sie vor Ihrem geistigen Auge (Kopf-Kino) das Bild erzeugt haben, werden Sie sich an die damit verbundenen Wörter leichter erinnern.

1. Woche – 1. Übungstag

Tanzen

Wann haben Sie zuletzt getanzt?

Ist das schon lange her?

Dann tanzen Sie doch einfach mal wieder. Stellen Sie das Radio an, und tanzen Sie zu der Musik. Tanzen Sie, wie es Ihnen gefällt, allein oder mit Freunden und Bekannten.

Gehen Sie mal wieder in eine Tanzveranstaltung. Wenn Sie Spaß daran haben, bleiben Sie natürlich dort. Sie können aber jederzeit wieder gehen, wenn es Ihnen nicht gefällt. Aber gehen Sie erst einmal hin, und probieren Sie es!

Fragen Sie Ihre Stadt- oder Gemeindeverwaltung, wann es demnächst für Ihre Altersgruppe eine Tanzveranstaltung gibt.

Phase IV:
Lösung und Denk-Netz

Magisches Quadrat

Eine Lösung ist:

				34
16	7	10	1	34
5	2	15	12	34
9	14	3	8	34
4	11	6	13	34
34	34	34	34	34

Kür-Phase V:
Kopf-Kino

Denk-Netz

Sie haben jeden Tag auf dieser Seite Gelegenheit, über das **Wissenswerte der Phase III** ein Denk-Netz anzufertigen. Damit fällt es Ihnen leichter, Texte zu verstehen und im Gedächtnis zu behalten. Heute ein Beispiel zum Thema:
Der Stoffwechsel des Zuckers

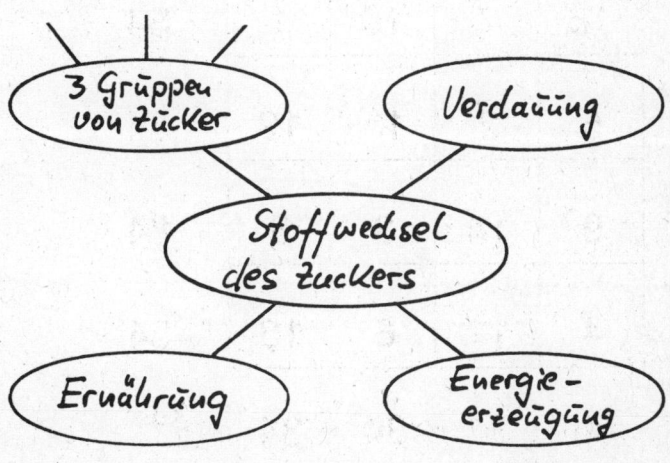

Führen Sie heute Kopf-Kino durch, um Ihre geistigen Vorstellungskräfte für Gesundheit, Ausgeglichenheit und für das Lösen von Alltagsproblemen zu nutzen.
Auch beim Planen, Merken und Erinnern ist es hilfreich.

Phase I:
Aufwärmübung

1. Teil: Atemtechnik

Denken Sie bitte an den Atem-Rhythmus:
6 Pulsschläge lang einatmen, 3 Pulsschläge lang die Luft anhalten, 6 ausatmen (dabei einen U-Ton erzeugen), 3 Pause und wieder langsam einatmen.
Wiederholen Sie diesen Atem-Rhythmus etwa 10 mal.
Schließen Sie bitte die Augen, und stellen Sie sich das Bild einer langsamen, gleichmäßigen Bewegung vor: langsam anrollende und ausrollende, riesige Meereswellen, sich im leichten Wind bewegende Kornfelder, sich majestätisch wiegende Baumwipfel oder langsam am Himmel ziehende Wolken.

1. Woche - 2. Übungstag

2. Teil: Gymnastische Übungen

Wer die gymnastischen und isometrischen Übungen täglich ausführt, wird seine Gesundheit und Leistungsfähigkeit bis ins hohe Alter fördern und erhalten.

Die Angaben darüber, wie oft eine Übung ausgeführt werden soll, gelten für Menschen, die längere Zeit keinen Sport getrieben haben. Wenn Sie geübter sind, können Sie die Übungen auch öfter durchführen.

Schwung für die Beine

Diese Übung trainiert die Muskulatur und Gelenkigkeit Ihrer Beine. Halten Sie sich mit der rechten Hand an einem Stuhl oder Tisch fest. Strecken Sie Ihre linke Hand zur Seite aus, so können Sie das Gleichgewicht besser halten. Schwingen Sie Ihr linkes Bein zurück, so weit und hoch Sie können, möglichst mit gestrecktem Knie. Danach schwingen Sie das Bein nach vorne und wiederholen dieses gleichmäßige Durchschwingen 5 mal.

Jetzt machen Sie diese Übung mit Ihrem rechten Bein und halten sich mit der linken Hand fest.

Isometrische Übungen

Führen Sie die Übung 3 mal durch. Spannen Sie Ihre Muskeln jeweils 6 Sekunden mit maximaler Kraft an. Lassen Sie dann sofort die Muskeln los, und entspannen Sie.

Legen Sie sich bitte auf den Bauch, und strecken Sie die Arme nach vorne aus. Dann drücken Sie die Handflächen auf den Fußboden.

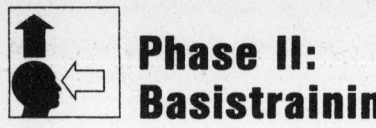

Phase II:
Basistraining

1. Teil: Informationsaufnahme

Boggle - Buchstaben kreuz und quer

Bilden Sie aus benachbarten Buchstaben Wörter, die mindestens 3 Buchstaben haben. Es dürfen keine Fremd- oder Phantasiewörter vorkommen. Alle Wörter müssen in einem Wörterbuch stehen.

Ein Beispiel zeigt, wie es geht:

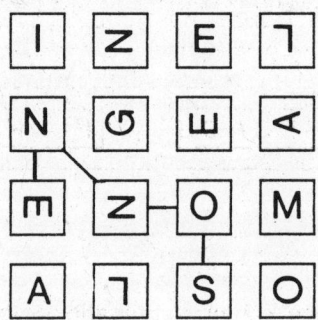

SONNE

_____

_____

_____

Vorwärts und rückwärts – OTTO –

Wie lautet dieses Wort, wenn man es von hinten nach vorne liest?

„RELIEFPFEILER"

1. Woche - 2. Übungstag

2. Teil: Informationsspeicherung

Buchstabenreihen

Versuchen Sie, sich diese Buchstabenreihen einzuprägen:

Blättern Sie nach einer Reihe um, und vergleichen Sie. ➤

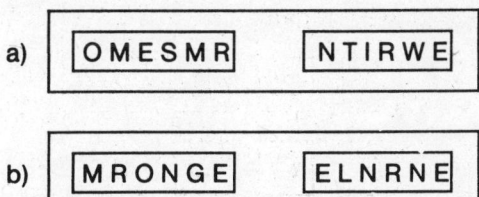

a)   OMESMR   NTIRWE

b)   MRONGE   ELNRNE

Zahlen merken

Können Sie diese Zahlenkombinationen behalten? ➤

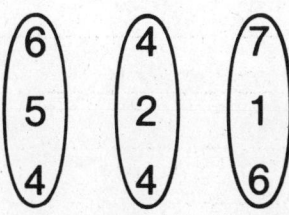

Phase II:
Lösungen und Fortsetzungen

Lösungen

Boggle - Buchstaben kreuz und quer
Hier sind einige Wörter, die im Spiel enthalten sind.
Sicher haben Sie noch mehr oder andere gefunden.

INGE, LEGEN, OMA, MAO, ANNE, MOOS, LOGE, ALS, OSLO,
ALOE, SOG, MALEN, GNOM, EGON, ALSO, etc.

Vorwärts und rückwärts – OTTO –
Rückwärts gelesen heißt das Wort ebenfalls RELIEFPFEILER.
Solch ein Wort nennt man „Palindrom". Sowohl vorwärts als
auch rückwärts gelesen ergibt sich ein Sinn. Manchmal, wie in
diesem Beispiel, bleibt es sogar das gleiche Wort. Fallen Ihnen noch mehr solcher Wörter ein?

„So bin ich auch
ein Palindrom!"   „Aber Wörter gibt's!"

Fortsetzungen

➤ Buchstabenreihen

Erinnern Sie sich? Ergänzen Sie bitte die fehlenden Buchstaben:

a)
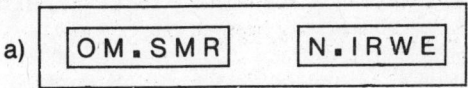

```
O M . S M R     N . I R W E
```

Blättern Sie jetzt bitte auf die Vorderseite zurück.

b)
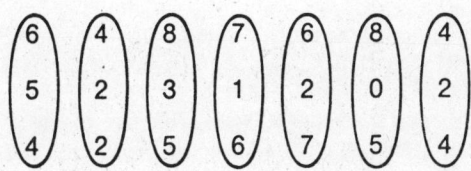

```
M R O . G E     . L N R N E
```

➤ Zahlen merken

Welche von diesen Zahlenkombinationen waren es?

6	4	8	7	6	8	4
5	2	3	1	2	0	2
4	2	5	6	7	5	4

Zur Kontrolle können Sie wieder zurückblättern.

Phase III:
Merk-Zettel

Wissenswertes

Zuckerkrankheit – Diabetes mellitus

Die Ernährung des Gehirns erfolgt fast ausschließlich durch Zucker. Pro Tag braucht es etwa 100 g; das ist ungefähr die Hälfte der vom Menschen benötigten Gesamtmenge. Auf starke Schwankungen des Blutzuckerspiegels reagiert das Gehirn sehr empfindlich. Gefährlich wird es, wenn nüchtern der Blutzuckerspiegel von 60 – 100 mg Zucker je 1/10 Liter Blut (bei einer Gesamtblutmenge von durchschnittlich 5 Litern entspricht das einer Zuckermenge von 2 Teelöffeln) ständig überschritten wird. Dann besteht der Verdacht auf Zuckerkrankheit. Ursache ist zu wenig **Insulin.** Dieses Hormon senkt den Blutzuckerspiegel, indem es den Körperzellen hilft, den im Blut vorhandenen Zucker aufzunehmen und für die Energieversorgung zu nutzen.

Anzeichen für eine eventuell vorhandene Zuckerkrankheit sind: vermehrte Harnausscheidung und als Folge davon Durst; Müdigkeit, Abgeschlagenheit, Gewichtsabnahme.

Mögliche **Spätfolgen** bei nicht oder zu spät behandelter Zuckerkrankheit sind: Schlaganfall, Netzhauterkrankungen und Sehstörungen, Nierenkrankheiten, Durchblutungsstörungen. Herzinfarkte treten bei Diabetikern 5 mal häufiger auf.

Um diese Folgen zu vermeiden, ist es sehr wichtig, die Anweisungen des Arztes, die Diätanweisungen und die Insulinbehandlung zu befolgen:

1. **Bewegung:** Durch körperliche Betätigung wird mehr Zucker verbraucht und damit der Insulinbedarf vermindert; ausreichend Schlaf erholt und sammelt Kräfte.

2. **Diät:** Alkohol und Rauchen sollten vermieden werden; regelmäßige Gewichtskontrolle ist notwendig, weil bei erhöhtem Körpergewicht auch der Insulinbedarf ansteigt.

3. Die **Insulinbehandlung** ist notwendig für einen ausgeglichenen Zuckerhaushalt, da Körper und Gehirn empfindlich auf große Schwankungen des Blutzuckergehalts reagieren. Mit Tabletten wird häufig die Altersdiabetes behandelt und mit Spritzen die Jugenddiabetes.

1. Woche - 2. Übungstag

Planungsbogen für den Tag   **Datum:**

Erfüllen Sie sich Ihre persönlichen Wünsche und Bedürfnisse, aber kommen Sie auch den Anforderungen und Verpflich-
tungen nach, die an Sie gestellt werden. Der Planungsbogen
hilft Ihnen, Ihren Tagesablauf zu ordnen und zu organisieren,
damit Sie sich auf für Sie Wesentliches und Erfreuliches konzentrieren können. Tragen Sie alles ein, z. B. Arzttermine, Ein-
käufe, Verabredungen, auch täglich Wiederkehrendes wie
z. B. Gehirn-Jogging.

Vormittag: *Gehirn-Jogging*

_____

_____

Nachmittag: _____

_____

_____

Abend: _____

_____

Mein besonderes Tagesziel: _____

_____

_____

Phase III:
Merk-Zettel – Fragen zum Vortag

Wissenswertes

■ Welche Zuckerarten gibt es?

_____

■ Was geschieht mit dem Zucker bei der Verdauung?

_____

_____

■ Wie erzeugen die Körperzellen Energie?

_____

_____

_____

■ Wie sollte man sich ernähren, um den Körper gleichmäßig
und langfristig mit Energie zu versorgen?

_____

_____

1. Woche - 2. Übungstag

Zum Tagesplan des Vortages

Haben Sie gestern Ihren Tagesplan eingehalten? Schreiben Sie hier bitte auf, was Sie gestern erledigt haben.

Vormittag: *Gehirn-Jogging*

Nachmittag:

Abend:

Mein besonderes Tagesziel:

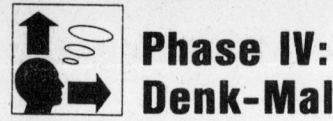 **Phase IV:
Denk-Mal**

Von der HOSE zum LAUT

Versuchen Sie, über 3 andere Wörter von dem Wort HOSE zum Wort LAUT zu kommen.
Wechseln Sie in jeder Reihe einen Buchstaben aus, und bilden Sie dadurch ein neues Wort. Sie dürfen pro Wort nur einen Buchstaben verändern.

H O S E

_____

_____

_____

L A U T

Lern-Strategie

Verknüpfungen
Verknüpfen von Informationen erleichtert das Behalten.
Das üben Sie im Denk-Netz.
Etwas Neues behalten Sie noch leichter, wenn Sie es mit Ihrem bereits vorhandenem Wissen verknüpfen.

1. Woche - 2. Übungstag

Die 5 Sinne
Sehen, Hören, Riechen, Schmecken, Fühlen

Schärfen Sie Ihre 5 Sinne!

Wenn Sie spazierengehen, dann schauen Sie nicht nur nach unten auf den Weg, sondern bleiben Sie stehen, und schauen Sie um sich. Betrachten Sie aufmerksam Blumen, Pflanzen, Bäume und Menschen. (Vieles können Sie auch wirklich „unter die Lupe nehmen".)
Lauschen Sie in den Wald hinein. Hören Sie, wie der Wind in den Bäumen rauscht, oder die Vögel zwitschern. Machen Sie dabei die Augen zu. Versuchen Sie, die Vogelstimmen herauszuhören.
Man kann einen Wald auch riechen — die Bäume, die Erde, die Pflanzen — bei Sonnenschein oder bei Regen.

Mögen Sie Obst? Essen Sie doch wieder einmal einen duftenden Apfel, Pfirsich oder aromatische Erdbeeren!

Oder fühlen Sie einmal mit geschlossenen Augen über verschiedene Stoffarten. Wie fühlt sich Baumwolle an, wie fühlt sich Leinen an, und wie ist es mit Samt? Was gefällt Ihnen am besten?

Außer den altbekannten 5 Sinnen gibt es aber auch noch viele „Spezial-Sinne", z. B. für Kälte, Wärme, Gleichgewicht, Schmerzen, Bewegungen usw..
Planschen Sie mit den Händen in kaltem Wasser. Oder balancieren Sie auf einem Holzstamm im Wald.
Halten Sie einmal Ihre Hände in eine Tiefkühltruhe, z. B. im Supermarkt. Anfänglich ist es kalt, weil die Kältesinne Ihrer Haut gereizt werden. Getrennt davon gibt es in der Haut auch spezielle Wärmesinne. Wenn Sie Ihre Hände länger in die Kälte halten, werden auch die Wärmesinne mitgereizt. Da die Wärmesinne die Kältesinne unterdrücken, schlägt Ihre anfängliche Kälteempfindung um, und Sie empfinden plötzlich Wärme.

 # Phase IV:
Lösung und Denk-Netz

Von der HOSE zum LAUT

H O S E

H A S E

H A S T

L A S T

L A U T

 ## Kür-Phase V:
Kopf-Kino

1. Woche - 2. Übungstag

Denk-Netz

**Hier ist Platz für Ihr Denk-Netz zum „Wissenswerten"
aus dem Merk-Zettel von heute.**

Führen Sie heute Kopf-Kino durch, um Ihre geistigen Vorstellungskräfte für Gesundheit, Ausgeglichenheit und für das Lösen von Alltagsproblemen zu nutzen.
Auch beim Planen, Merken und Erinnern ist es hilfreich.

Phase I:
Aufwärmübung

1. Teil: Atemtechnik

Denken Sie bitte an den Atem-Rhythmus:
6 Pulsschläge lang einatmen, 3 Pulsschläge lang die Luft anhalten, 6 ausatmen, 3 Pause und wieder langsam einatmen. Wiederholen Sie diesen Atem-Rhythmus etwa 10 mal.

Schließen Sie bitte die Augen, und stellen Sie sich das Bild einer langsamen, gleichmäßigen Bewegung vor: langsam anrollende und ausrollende, riesige Meereswellen, sich im leichten Wind bewegende Kornfelder, sich majestätisch wiegende Baumwipfel oder langsam am Himmel ziehende Wolken.

2. Teil: Gymnastische Übungen

Für Ihre Arme

Diese Übung können Sie im Stehen oder Sitzen ausführen. Sie ist gut für Ihre Arme, Brust und eine gute Haltung. Blicken Sie geradeaus, tragen Sie den Kopf hoch, und machen Sie sich so „lang" wie möglich. Wachsen Sie über sich hinaus. Strecken Sie die Arme und Hände nach vorne, die Handflächen sind zueinander gekehrt.

Bewegen Sie Ihre Arme aufwärts, neben die Ohren und hoch über den Kopf. Die Handflächen bleiben zueinander gedreht. Dann schwingen Sie die Arme wieder abwärts und so weit es geht zurück.

Wiederholen Sie die Übung 5 mal.

Isometrische Übungen

Führen Sie die Übung 3 mal durch. Spannen Sie Ihre Muskeln jeweils 6 Sekunden mit maximaler Kraft an, und lassen Sie dann sofort los, und entspannen Sie. Vergessen Sie nicht, auch während der Anspannung zu atmen.

Stellen Sie sich rückwärts vor einen Stuhl, und legen Sie den rechten Fuß nach hinten auf die Sitzfläche. Versuchen Sie, diesen Fuß möglichst fest nach unten zu drücken. Danach üben Sie mit dem anderen Fuß.

 # Phase II:
Basistraining

1. Teil: Informationsaufnahme

Buchstabenraster
Versuchen Sie, so schnell wie möglich die versteckten Wörter zu finden. Die Lösung steht wie immer auf der Rückseite.

H	F	E
F	N	L
U	G	A

C	H	D
S	H	U
A	N	H

Irrgarten
Welcher Weg führt wohin? Verfolgen Sie die Wege bitte nur mit den Augen!

1. Woche - 3. Übungstag

2. Teil: Informationsaufnahme

Zahlenpaare

Prägen Sie sich bitte die folgenden Zahlenpaare ein, und blättern Sie dann bitte um. ➤

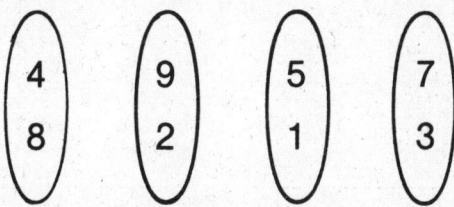

Buchstabenpaare

Merken Sie sich die folgenden Buchstabenpaare. Wie's weitergeht steht auf der Rückseite. ➤

OL   *PI*

IZ   MQ   *KO*

Phase II:
Lösungen und Fortsetzungen

Lösungen

Buchstabenraster

Die versteckten Wörter sind:

FLUGHAFEN   und   HANDSCHUH

Irrgarten

Weg   Buchstabe

1 ──────▶ C

2 ──────▶ A

3 ──────▶ B

4 ──────▶ D

Fortsetzungen

➤ Zahlenpaare

Unterstreichen Sie bitte die Zahlenpaare, die Sie sich eingeprägt haben, und vergleichen Sie dann mit der Vorderseite.

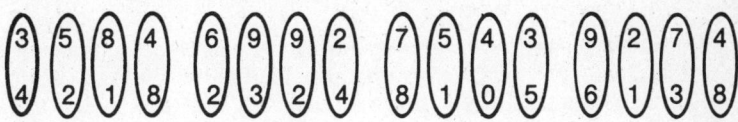

➤ Buchstabenpaare

Kreisen Sie bitte die Buchstabenpaare ein, die Sie sich eingeprägt haben.

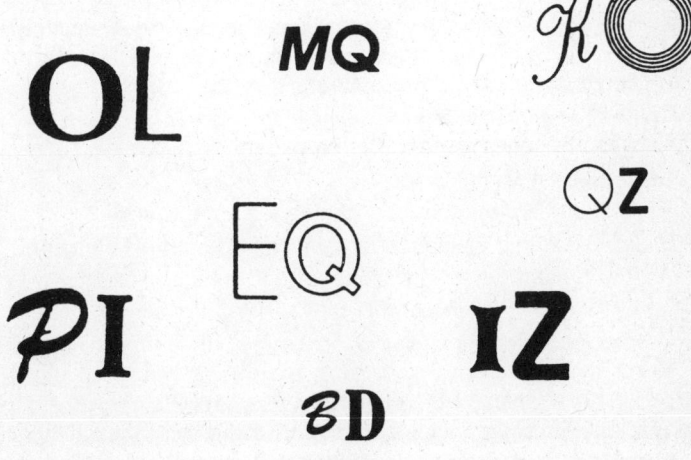

Phase III:
Merk-Zettel

Der Cholesterinspiegel

Cholesterin ist ein Blutfett. Cholesterinspiegel nennt man den Gehalt an Cholesterin im Blut. Es wird zum größten Teil vom Körper selbst erzeugt und ist Baustoff für die Wände der Körperzellen. Es ist auch zum Aufbau verschiedener Hormone und der Gallensäure notwendig. In tierischen Nahrungsmitteln ist es ebenfalls enthalten: u. a. in Fleisch, Wurstwaren, Milch, Milchprodukten, Eigelb, Innereien, Schalentieren, Butter und Schmalz.

Wenn durch einseitige Ernährung zuviel Cholesterin aufgenommen wird, kann es nicht mehr vom Körper abgebaut werden, was zu einem erhöhten **Cholesterinspiegel** führt. Etwa 1/3 der Bevölkerung hat zuviel Cholesterin im Blut. Normal ist ein Cholesterinspiegel von 180—200 mg Cholesterin je 0,1 Liter Blut. Das Risiko steigt bei einem Wert von 200 — 240 mg. Ist der Cholesteringehalt höher als 240 mg je 0,1 Liter, dann wird es gefährlich, und eine dringende Absenkung wird notwendig.

Gefahr: Der erhöhte Cholesteringehalt im Blut führt zu Ablagerungen in den Blutgefäßen (Arterien) und zu Verengungen; außerdem wird das Blut dick. Dieser Prozeß kann sich unmerklich über viele Jahre entwickeln. Wenn die Arterien (Adern) zu stark verengt sind, kann es durch ein kleines Blutgerinnsel zu einem völligen Verschluß kommen. Das Herz oder das Gehirn werden dann nicht mehr mit dem notwendigen Sauerstoff versorgt und sterben ab: es kommt zum sog. Herzinfarkt oder Schlaganfall!

Lösungen: Dagegen können Sie etwas tun.

— Essen Sie fettarm!
— Bevorzugen Sie magere und cholesterinarme Speisen.
— Essen Sie wenig Fleisch, oder zumindest fettarmes Fleisch.
— Achten Sie auf fettarme Käsesorten (30 % Fett i. Tr.).
— Bevorzugen Sie pflanzliche Fette bei der Zubereitung.
— Bevorzugen Sie pflanzliche Lebensmittel, die enthalten nämlich kein Cholesterin.
— Essen Sie höchstens 1 Eigelb pro Tag, weil in nur einem Eigelb nahezu die gesamte Tagesration von Cholesterin enthalten ist.

1. Woche - 3. Übungstag

Planungsbogen für den Tag   **Datum:**

Vormittag: _Gehirn-Jogging_

Nachmittag:

Abend:

Mein besonderes Tagesziel:

Phase III:
Merk-Zettel – Fragen zum Vortag

■ Wie hoch ist der normale Blutzuckerspiegel, und warum ist die Einhaltung des Wertes so wichtig?

_____

_____

_____

■ Was ist Insulin, und wozu wird es benötigt?

_____

_____

_____

■ Was sind die Anzeichen der Zuckerkrankheit?

_____

_____

■ Wie kann die Zuckerkrankheit behandelt werden, und wie kann der Patient vorbeugen oder die Behandlung unterstützen?

_____

_____

1. Woche - 3. Übungstag

Zum Tagesplan des Vortages

Haben Sie gestern Ihren Tagesplan eingehalten? Schreiben
Sie hier bitte auf, was Sie gestern erledigt haben.

Vormittag: *Gehirn-Jogging*

_____

_____

_____

Nachmittag: _____

_____

_____

_____

Abend: _____

_____

_____

Mein besonderes Tagesziel: _____

_____

_____

_____

_____

 # Phase IV:
Denk-Mal

Steckbrief

- Er war der Sohn eines Webers aus Genua. Fremde Länder reizten ihn aber mehr als die väterlichen Webstühle.

- Mit 25 Jahren ging er nach Lissabon. Er versuchte, den portugiesischen König für ein Projekt zu gewinnen, hatte aber keinen Erfolg.

- Deshalb trat er in spanische Dienste. Er wollte mit zunächst drei Schiffen einen neuen Seeweg erkunden.

- Er segelte westwärts und entdeckte ein Land. Er glaubte, Indien erreicht zu haben.

- In Wirklichkeit aber hatte er einen neuen Kontinent entdeckt, der aber nicht nach ihm benannt wurde.

Wer war es?

Lern-Strategie

Lesen von Texten
Erinnern Sie sich noch an die Fragen der Drillings-Methode? Wenn nicht, schauen Sie nach.
Wenden Sie diese Methode doch auf die Texte des Gehirn-Joggings an.

1. Woche - 3. Übungstag

Kurzspeicher-Test

Wieviel können Sie sich kurzfristig merken?

Machen Sie mit Ihren Freunden und Bekannten ein Gesellschaftsspiel: Ein Spieler schreibt zehn beliebige Zahlen auf und liest diese dann langsam vor. Die anderen Mitspieler versuchen, möglichst alle Zahlen zu behalten. Wie viele kann jeder von Ihnen **nach** dem Vorlesen in der richtigen Reihenfolge aufschreiben?

An alle wird sich bestimmt niemand erinnern. Normalerweise kann man im Kurzspeicher spontan nur 5 – 7 Zahlen behalten. Mehr als 7 wäre schon eine Superleistung.

Mit täglichem Gehirn-Jogging können Sie unter anderem auch die Aufnahmefähigkeit des Kurzspeichers trainieren, um im täglichen Leben Informationen besser und schneller anwenden zu können und dadurch handlungsfähiger zu werden.

Übrigens: Ein schlechter Kurzspeicher ist keine Frage des Alters. Auch viele jüngere Menschen haben damit Schwierigkeiten, die sich aber mit Gehirn-Jogging beheben lassen.

Nach der 8-Wochen-Kur behalte ich 8 Zahlen – wenigstens!

Phase IV:
Lösung und Denk-Netz

Steckbrief

Es ist Christoph Kolumbus (Cristoforo Colombo), geboren 1451 in Genua, gestorben 1506 in Valladolid, Spanien.

Er beschäftigte sich schon sehr früh mit der Theorie, daß die Erde eine Kugel sei. Indien müßte deshalb auch in westlicher Richtung auf dem Seeweg zu erreichen sein.

In Spanien fand er Unterstützung für seine Idee und segelte 1492 mit drei Schiffen in Richtung Westen.

Nach einer schwierigen, entbehrungsreichen Reise entdeckte er Amerika. Er wußte aber nicht, daß es ein neuer Erdteil war, sondern glaubte, an der Ostküste Indiens gelandet zu sein.

Kür-Phase V:
Kopf-Kino

Denk-Netz

**Hier ist Platz für Ihr Denk-Netz zum „Wissenswerten"
aus dem Merk-Zettel von heute.**

Führen Sie heute Kopf-Kino durch, um Ihre geistigen Vorstellungskräfte für Gesundheit, Ausgeglichenheit und für das Lösen von Alltagsproblemen zu nutzen.
Auch beim Planen, Merken und Erinnern ist es hilfreich.

Phase I:
Aufwärmübung

1. Teil: Atemtechnik

Denken Sie bitte an den Atem-Rhythmus: 6 Pulsschläge lang einatmen, 3 Pulsschläge lang die Luft anhalten, 6 ausatmen (denken Sie an den U-Laut), 3 Pause und wieder langsam einatmen.

Wiederholen Sie diesen Atem-Rhythmus etwa 10 mal.

Schließen Sie bitte die Augen, und stellen Sie sich das Bild einer langsamen, gleichmäßigen Bewegung vor: langsam anrollende und ausrollende, riesige Meereswellen, sich im leichten Wind bewegende Kornfelder, sich majestätisch wiegende Baumwipfel oder langsam am Himmel ziehende Wolken.

Steigern Sie langsam die Häufigkeit der Übungen!

1. Woche - 4. Übungstag

Knie hoch!

Marschieren kann man auch in der Wohnung! Öffnen Sie dabei das Fenster. Marschieren regt den Kreislauf an und hilft bei steifen Kniegelenken und einem runden Rücken. Üben Sie diese einfache aber entspannende Bewegung regelmäßig. Mit Musik geht es viel leichter.

Stellen Sie sich aufrecht hin, Ihre Arme lassen Sie locker neben dem Körper hängen. Gehen Sie dann im Takt der Musik im Raum umher. Lassen Sie dabei Ihre Arme vor- und rückwärtsschwingen. Heben Sie Ihre Füße richtig vom Boden ab. Ziehen Sie die Knie so weit es geht hoch.

Isometrische Übungen

Führen Sie die Übung 3 mal durch. Spannen Sie Ihre Muskeln jeweils 6 Sekunden mit maximaler Kraft an, und lassen Sie dann sofort los, und entspannen Sie. Vergessen Sie nicht, auch während der Anspannung zu atmen.

Knien Sie sich bitte hin, und strecken Sie die Füße nach hinten. Halten Sie Ihren Oberkörper gerade, und beugen Sie ihn nach hinten. Verbleiben Sie einige Sekunden in dieser Stellung, bis die Spannung auf der Vorderseite der Oberschenkel spürbar wird.

Phase II: Basistraining

1. Teil : Informationsaufnahme

Zahlen suchen

Versuchen Sie, gleiche Zahlen, die in dieser Anordnung

$$4 \quad 6 \quad 8$$
$$6 \quad 5 \quad 6$$

stehen, zu entdecken und anzustreichen.
Ein Beispiel haben wir Ihnen gegeben.
Führen Sie diese Übung möglichst schnell durch.

4 5 4	8 8 9	2 1 2	1 4 1	7 4 1	5 8 5
5 4 5	8 6 8	4 2 7	5 7 7	3 5 4	7 1 6
4 5 4	6 8 6	2 5 2	1 0 2	5 0 5	1 3 1
6 4 5	7 6 9	5 2 5	6 2 1	7 6 7	7 1 7
2 3 2	1 8 7	9 5 9	5 2 4	4 3 4	5 7 5
3 5 3	3 0 4	7 7 9	2 5 2	3 4 3	7 6 7
5 3 5	5 6 3	7 7 7	3 2 2	2 0 2	5 4 3
4 5 7	6 4 6	3 7 9	2 2 2	0 8 0	7 8 9
0 7 1	6 6 6	3 7 9	2 2 2	7 6 7	7 7 7
6 9 5	6 9 6	8 6 0	2 2 3	6 6 6	7 4 7
9 6 9	7 6 7	0 5 6	0 2 9	4 3 2	3 8 2
6 9 6	8 2 5	4 4 5	2 6 6	5 1 9	8 9 1
9 6 9	2 1 2	0 3 5	0 8 6	1 2 1	9 0 9
6 9 6	1 2 1	3 7 3	7 3 0	6 5 4	5 3 0

Wie viele Kombinationen haben Sie entdeckt?

Rückwärtslesen

Was heißt das wohl?

.nellafeg lemmiH mov retsieM redej hcon gnalsib tsi sE

1. Woche - 4. Übungstag

2. Teil: Informationsspeicherung

Buchstabenreihen

Versuchen Sie, sich die Buchstabenreihen einzuprägen.
Danach blättern Sie bitte um. ➤

V X T K		E T R U		A E S F

Auto-Kennzeichen merken

Versuchen Sie, die Buchstaben der folgenden Auto-Kennzeichen zu behalten: ➤

B - KD 584		BO - SD 325		H - FO 938

Phase II:
Lösungen und Fortsetzungen

Lösungen

Zahlen suchen

4 5 4	8 8 9	2 1 2	1 4 1	7 4 1	5 8 5
5 4 5	8 6 8	4 2 7	5 7 7	3 5 4	7 1 6
4 5 4	6 8 6	2 5 2	1 0 2	5 0 5	1 3 1
6 4 5	7 6 9	5 2 5	6 2 1	7 6 7	7 1 7
2 3 2	1 8 7	9 5 9	5 2 4	4 3 4	5 7 5
3 5 3	3 0 4	7 7 9	2 5 2	3 4 3	7 6 7
5 3 5	5 6 3	7 7 7	3 2 2	2 0 2	5 4 3
4 5 7	6 4 6	3 7 9	2 2 2	0 8 0	7 8 9
0 7 1	6 6 6	3 7 9	2 2 2	7 6 7	7 7 7
6 9 5	6 9 6	8 6 0	2 2 3	6 6 6	7 4 7
9 6 9	7 6 7	0 5 6	0 2 9	4 3 2	3 8 2
6 9 6	8 2 5	4 4 5	2 6 6	5 1 9	8 9 1
9 6 9	2 1 2	0 3 5	0 8 6	1 2 1	9 0 9
6 9 6	1 2 1	3 7 3	7 3 0	6 5 4	5 3 0

Haben Sie auch 30 entdeckt?

Rückwärtslesen
Haben Sie es auch entziffert?
Es ist bislang noch jeder Meister vom Himmel gefallen.
...ob das so stimmt??

Fortsetzungen

➤ Buchstabenreihen

Welche Buchstaben fehlen hier? Setzen Sie sie bitte ein, und vergleichen Sie.

| V . T K | | E T . U | | A E S . |

➤ Auto-Kennzeichen merken

Erinnern Sie sich?

Notieren Sie die fehlenden Buchstaben der Auto-Kennzeichen in diesen Kästchen:

| 584 | | 325 | | 938 |

Phase III:
Merk-Zettel

Wissenswertes

Arterienverkalkung – Arteriosklerose

Die Arteriosklerose ist eine fortschreitende Erkrankung der Blutgefäße. Die Arterien verhärten sich, verlieren an Elastizität und verengen sich. Dadurch kann weniger Blut durch die Arterien zu den Organen transportiert werden. Um trotzdem die Versorgung mit Sauerstoff und Nährstoffen aufrechtzuhalten, steigert das Herz die Pumpleistung. Dadurch steigt der Blutdruck; es entsteht der sog. **Bedarfshochdruck.**

Außerdem kann aber auch ein durch andere Ursachen langfristig erhöhter Blutdruck eine Arteriosklerose erzeugen. Die Blutgefäße verlieren dann an Elastizität und begünstigen dadurch stärkere Cholesterinablagerungen.

Die Erhöhung des Blutdrucks bei Bedarf ist nicht unbegrenzt möglich. Die Funktionsfähigkeit der Organe wird durch mangelnde Versorgung mit Sauerstoff und Nährstoffen vermindert. Die empfindlichen und wichtigen Organe, das Gehirn und das Herz werden dann am schwersten betroffen und die Leistungsfähigkeit des ganzen Menschen wird erheblich beeinträchtigt.

Bei fortgeschrittener Arteriosklerose besteht die **Gefahr** eines vollständigen Verschlusses einer Arterie. Das betroffene Organ wird schwer geschädigt. Es entsteht der Schlaganfall, der Herzinfarkt, oder es kommt zu Durchblutungsstörungen der Beine. Die Arteriosklerose ist eine typische Zivilisationskrankheit, von der vor allem in der zweiten Lebenshälfte sehr viele Menschen betroffen sind. In 90 % der Schlaganfälle und Herzinfarkte ist Arteriosklerose die Ursache. Sie steht damit in der Statistik der Todesursachen an erster Stelle.

Risikofaktoren sind in dieser Reihenfolge:

Hoher Blutdruck – Rauchen – Bewegungsarmut – Zuckerkrankheit – Fettstoffwechselstörungen (überhöhter Cholesterinspiegel) – Übergewicht.

Sind 2 oder 3 Faktoren gleichzeitig vorhanden, steigt das Risiko unverhältnismäßig stark an.

1. Woche - 4. Übungstag

Planungsbogen für den Tag   **Datum:** _____

Vormittag: _Gehirn-Jogging_ _____

_____

_____

_____

_____

Nachmittag: _____

_____

_____

_____

_____

_____

Abend: _____

_____

_____

_____

Mein besonderes Tagesziel: _____

_____

_____

_____

Phase III:
Merk-Zettel – Fragen zum Vortag

■ Was ist Cholesterin, und wozu wird es benötigt?

_____

_____

_____

■ Worin ist Cholesterin enthalten?

_____

_____

■ Was sind die Folgen eines zu hohen Cholesterinspiegels?

_____

_____

_____

■ Nennen Sie einige Beispiele für eine cholesterinarme Ernährung!

_____

_____

1. Woche - 4. Übungstag

Zum Tagesplan des Vortages

Haben Sie gestern Ihren Tagesplan eingehalten? Schreiben Sie hier bitte auf, was Sie gestern erledigt haben.

Vormittag: *Gehirn-Jogging*

Nachmittag:

Abend:

Mein besonderes Tagesziel:

 # Phase IV:
Denk-Mal

Abkürzungen

Heutzutage werden viele Abkürzungen benutzt, um Zeit zu sparen.

Wie viele Abkürzungen kennen Sie?

Was bedeuten diese Abkürzungen?

Ein Beispiel: ZDF = Zweites Deutsches Fernsehen

1. Kfz _____

2. WHO _____

3. GAU _____

4. VHS _____

5. GmbH _____

6. BGB _____

7. TÜV _____

8. DIN _____

9. DRK _____

10. k.o. _____

Lern-Strategie

O M E S M R = S O M M E R

Aus der scheinbar sinnlosen Buchstabenfolge läßt sich ein sinnvolles Wort bilden. Dieses läßt sich viel leichter behalten. Alle einzelnen Buchstaben lassen sich dann natürlich auch jederzeit rekonstruieren, wenn ein fehlender benannt werden soll.

(Das hätten wir Ihnen vor dem Basistraining sagen sollen...)

N T I R W E = W I N T E R
M R O N G E = M O R G E N
E L N R N E = L E R N E N

1. Woche - 4. Übungstag

Mimik

Schneiden Sie Grimassen!

Damit trainieren Sie Ihre Gesichtsmuskeln.

Stellen Sie sich ruhig einmal vor einen Spiegel und versuchen Sie, möglichst viele verschiedene Gesichtsausdrücke zu machen. Schauen Sie ernst, heiter, lachen Sie! Oder blicken Sie ganz finster und böse oder bedrohlich.

Benutzen Sie alle Gesichtsmuskeln — schneiden Sie richtige Grimassen.

Aber erschrecken Sie nicht vor sich selbst!

„Spieglein, Spieglein an der Wand, wer macht die besten Grimassen im ganzen Land?"

Phase IV:
Lösung und Denk-Netz

Abkürzungen

1. Kfz — Kraftfahrzeug
2. WHO — World Health Organization
   (Weltgesundheitsorganisation)
3. GAU — Größter anzunehmender Unfall
4. VHS — Volkshochschule oder Video Home System
5. GmbH — Gesellschaft mit beschränkter Haftung
6. BGB — Bürgerliches Gesetzbuch
7. TÜV — Technischer Überwachungs Verein
8. DIN — Deutsche Industrie Norm
9. DRK — Deutsches Rotes Kreuz
10. k.o. — knock out

Kür-Phase V:
Kopf-Kino

1. Woche - 4. Übungstag

Denk-Netz

**Hier ist Platz für Ihr Denk-Netz zum „Wissenswerten"
aus dem Merk-Zettel von heute.**

Führen Sie heute Kopf-Kino durch, um Ihre geistigen Vorstellungskräfte für Gesundheit, Ausgeglichenheit und für das Lösen von Alltagsproblemen zu nutzen.
Auch beim Planen, Merken und Erinnern ist es hilfreich.

Phase I:
Aufwärmübung

1. Teil: Atemtechnik

Denken Sie bitte an den Atem-Rhythmus:

6 Pulsschläge lang einatmen, 3 Pulsschläge lang die Luft anhalten, 6 ausatmen (dabei einen U-Ton erzeugen), 3 Pause und wieder langsam einatmen.

Wiederholen Sie diesen Atem-Rhythmus etwa 10 mal.

Schließen Sie bitte die Augen, und stellen Sie sich das Bild einer langsamen, gleichmäßigen Bewegung vor: langsam anrollende und ausrollende, riesige Meereswellen, sich im leichten Wind bewegende Kornfelder, sich majestätisch wiegende Baumwipfel oder langsam am Himmel ziehende Wolken.

2. Teil: Gymnastische Übungen

Kraul-Schwimmen

Diese Übung ist gut für Ihre Arme und Brust. Sie können sie im Liegen, Stehen oder Sitzen ausführen. Heben Sie den rechten Arm nach vorne hoch. Lassen Sie ihn gestreckt nach unten sinken und wiederholen Sie die Übung mit Ihrem linken Arm.

Dann üben Sie in fließendem Übergang, immer abwechselnd links und rechts; etwa 10 mal. Danach entspannen Sie wieder.

Isometrische Übungen

Führen Sie die Übung 3 mal durch. Spannen Sie Ihre Muskeln jeweils 6 Sekunden lang mit maximaler Kraft an, und lassen Sie dann sofort los, und entspannen Sie. Vergessen Sie nicht, auch während der Anspannung zu atmen.

Fassen Sie mit Ihrer linken Hand an die rechte Schulter. Mit der rechten Hand greifen Sie den linken Ellbogen. Pressen Sie ihn aus dieser Lage gegen den Widerstand der Hand kräftig nach vorne. Danach üben Sie umgekehrt.

Phase II:
Basistraining

1. Teil: Informationsaufnahme

Y-Suchen

Versuchen Sie, so schnell wie möglich alle Y anzustreichen:

```
X K H H K X Y X H Y K K H X X Y K H
H H K X Y Y K X X K H K Y H K X Y K
K H H X K H Y H K Y X K H K Y Y K H
X K K Y H K X Y K H K Y X K Y Y K H
Y K H X Y K H X Y H Y H K Y K X H Y
X H K X X H Y K K Y H V Y K V X H K
V H K X Y X V H K K Y H X R Y V H V
H K X Y K H K Y K X H Y V K H Y K H
Y X H V Y K H Y V K H X Y V H V Y Y
```

Wie viele Y sind es?

Der kleine Frosch

Wie kommt der kleine Frosch in den Teich?
Welchen Weg muß er nehmen?

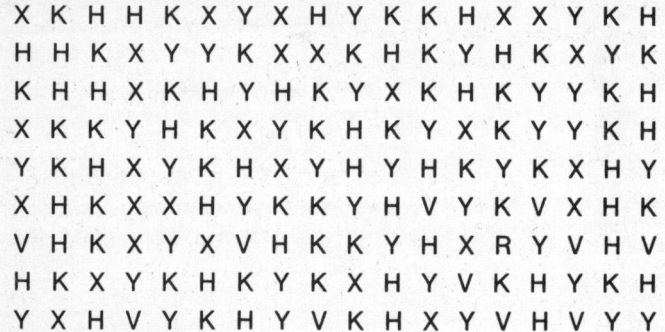

1. Woche - 5. Übungstag

2. Teil: Informationsspeicherung

Buchstabenreihen

Versuchen Sie, sich diese Buchstabenreihen gut
einzuprägen.
Danach blättern Sie bitte um. ➤
Lesen Sie jeden Buchstaben laut vor:

CTU   KLN   PLO   FDG   CXJ

Wortliste

Versuchen Sie bitte, sich folgende Wörter einzuprägen:

Stuhl – Rose – Hund – Tasse – Katze – Tulpe – Haus – Vogel

➤

Phase II:
Lösungen und Fortsetzungen

Lösungen

Y-Suchen

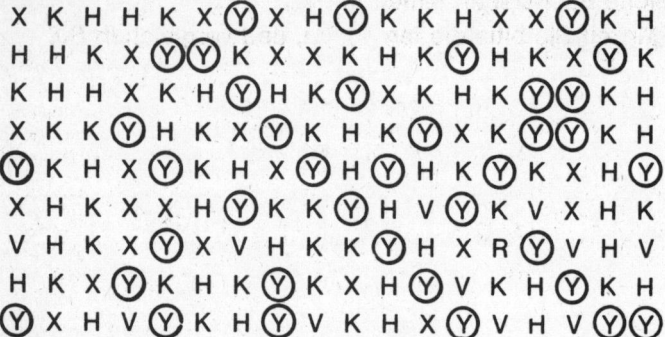

Haben Sie alle Y gefunden? Es sind 38.

Der kleine Frosch
Dieser Weg war es. Haben Sie ihn auch gefunden?

Fortsetzungen

► **Buchstabenreihen**

Welche Buchstaben fehlen hier?
Ergänzen Sie bitte die fehlenden, und vergleichen Sie.

C.U	KL.	P.O	.DG	CX.

► **Wortliste**

Konnten Sie sich alle Wörter merken?
Schreiben Sie sie bitte hier auf. Die Reihenfolge muß nicht
richtig sein.

_____

_____

_____

Phase III:
Merk-Zettel

Bluthochdruck – Hypertonie

Der **normale Blutdruckwert** soll etwa 120 zu 80 betragen. Diese Zahlenwerte werden mit einem Messinstrument ermittelt und entsprechen der Höhe einer Quecksilbersäule in Millimeter. Der obere Wert ergibt sich, wenn sich das Herz zusammenzieht und frisches, sauerstoffreiches und nährstoffreiches Blut in alle Organe und Zellen des Körpers pumpt. Während sich das Herz erweitert, um erneut Blut aufzunehmen, ist der Druck geringer; so ergibt sich der untere Wert.

Wenn die Werte 145 zu 95 ständig überschritten werden, spricht man von **Bluthochdruck.**

Gefährlich ist der Blut-Hochdruck, weil man lange Zeit kein Gefühl von „Kranksein" empfindet. Erst später können Schwindel, Hitzewallungen, Kopfschmerzen und Schlaflosigkeit auftreten. Das Herz hat aber bis dahin vielleicht schon jahrelang mit zuviel Kraft schlagen müssen.

Die Überlastung kann zu einer lebensbedrohlichen Herzmuskelschwäche oder zu Herzversagen führen. Die Entstehung der Arterienverkalkung wird begünstigt. Dadurch steigt das Risiko, einen Schlaganfall, einen Herzinfarkt oder Nierenschädigungen zu erleiden.

Früherkennung ist deshalb notwendig. Ohne ärztliche Behandlung geht der Bluthochdruck nicht zurück.

Sie selbst können auch einiges für einen normalen Blutdruck tun:

1. Treiben Sie Ausdauersport, das stärkt Ihren Kreislauf!
2. Vermeiden Sie Streß. Bauen Sie Ihren Streß ab: „Lauf den Streß 'raus"!
3. Seien Sie seelisch ausgeglichen! Das Kopf-Kino hilft Ihnen dabei.
4. Werden Sie Nichtraucher!
5. Trinken Sie Kaffee und Alkohol nur in Maßen!
6. Erreichen Sie Ihr Normalgewicht! Körpergröße minus 100 = kg!
7. Essen Sie salzarme Speisen! Alle anderen Gewürze sind erlaubt!
8. Gönnen Sie sich ausreichend Ruhepausen, Schlaf (ca. 7–8 Std.) und Urlaub (2–3 Wochen)!

1. Woche - 5. Übungstag

Planungsbogen für den Tag   **Datum:** _____

Vormittag: _Gehirn-Jogging_ _____

_____

_____

_____

_____

Nachmittag: _____

_____

_____

_____

_____

_____

_____

Abend: _____

_____

_____

Mein besonderes Tagesziel: _____

_____

_____

_____

_____

Phase III:
Merk-Zettel – Fragen zum Vortag

■ Was ist Arteriosklerose?

_____

_____

■ Was hat der Blutdruck mit Arteriosklerose zu tun?

_____

_____

■ Nennen Sie mögliche Folgen und Gefahren von Arteriosklerose!

_____

_____

■ Wie läßt sich das Risiko von Arteriosklerose verringern?

_____

_____

1. Woche - 5. Übungstag

Zum Tagesplan des Vortages

Haben Sie gestern Ihren Tagesplan eingehalten? Schreiben Sie hier bitte auf, was Sie gestern erledigt haben.

Vormittag: *Gehirn-Jogging*

_____

_____

_____

Nachmittag: _____

_____

_____

_____

Abend: _____

_____

_____

Mein besonderes Tagesziel: _____

_____

_____

_____

_____

Phase IV:
Denk-Mal

Radfahrers Pech

Ein Radfahrer hat etwas Pech. Ein Reifen ist geplatzt, nachdem er zwei Drittel seines Weges gefahren ist. Das letzte Drittel muß er zu Fuß zurücklegen. Dafür braucht er doppelt soviel Zeit wie für die auf dem Rad zurückgelegte Strecke.
Wieviel schneller ist er gefahren als gegangen?

Lern-Strategie

Wortliste

Im ersten Wochenprogramm haben Sie bereits eine Strategie kennengelernt, um sich Wörter einer Wortliste leichter einprägen zu können: das Verbinden der Wörter durch eine Geschichte.

Eine andere Möglichkeit, Wörter leichter zu behalten, ist das Ordnen nach gemeinsamen Oberbegriffen.

Hier ist noch einmal die Liste aus dem Basistraining von Seite 41:
Stuhl – Rose – Hund – Tasse – Katze – Tulpe – Haus – Vogel.

Aus dieser Liste können Wörter mit Gemeinsamkeiten zu Gruppen zusammengefaßt werden: Hund, Katze und Vogel sind Tiere; Rose und Tulpe sind Blumen. Diese beiden Gruppen lassen sich zu einer Obergruppe zusammenfassen: Begriffe aus der Natur.

Die anderen drei Wörter – Stuhl – Tasse – Haus – sind künstliche, hergestellte Dinge.

Diese Gruppierungen lassen sich durch eine bildliche, hierarchische Ordnung darstellen, was das Einprägen noch mehr erleichtert.

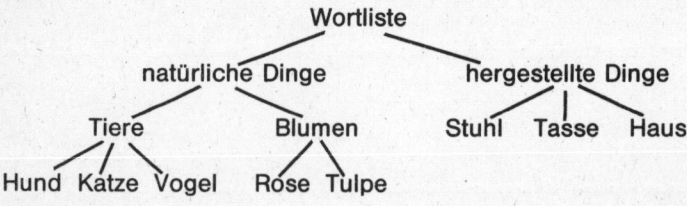

1. Woche - 5. Übungstag

Parteien

Was halten Sie von Parteien?

Nichts? Wenig? Ein wenig? Etwas? Viel?

Denken Sie, daß sich vieles ändern muß?

Sie sollten einmal eine Partei besuchen.

Sprechen Sie mit anderen über Ihre Probleme und Vorstellungen und die allgemeinen Fragen der Politik, Rüstung, Umwelt, Renten, Frauenrechte etc.

Ärgern Sie sich über etwas?

Stellen Sie Fragen! Stellen Sie anderen bohrende Fragen!

Suchen Sie im Telefonbuch den Ortsverein einer Partei (SPD, CDU, CSU, Die Grünen, FDP), rufen Sie an, fragen Sie nach dem nächsten Sitzungstermin und dem Thema.

Sie werden staunen. Sie treffen dort auf zehn bis zwanzig interessierte Leute.

Und das Besondere, die Leute freuen sich über Ihren Besuch und fragen nach Ihrer Meinung.

Wenn Sie etwas verändern wollen, müssen Sie Ihre Meinung äußern. Sie haben eine große Lebenserfahrung, deshalb können Sie auch viel einbringen.

Den anderen muß es langweilig sein, wenn Sie nicht da sind!

Vielleicht gefällt Ihnen der Besuch, und Sie gehen öfter dorthin, oder Sie orientieren sich bei einer anderen Partei.

Phase IV:
Lösung und Denk-Netz

Radfahrers Pech

Er ist mit dem Rad doppelt so weit gefahren, wie er zu Fuß gegangen ist. Dafür hat er aber nur halb soviel Zeit gebraucht. Er war deshalb mit dem Rad viermal schneller als zu Fuß.

Kür-Phase V:
Kopf-Kino

1. Woche - 5. Übungstag

Denk-Netz

Hier ist Platz für Ihr Denk-Netz zum „Wissenswerten"
aus dem Merk-Zettel von heute.

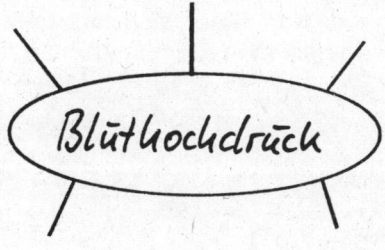

Führen Sie heute Kopf-Kino durch, um Ihre geistigen Vorstellungskräfte für Gesundheit, Ausgeglichenheit und für das Lösen von Alltagsproblemen zu nutzen.
Auch beim Planen, Merken und Erinnern ist es hilfreich.

Phase I:
Aufwärmübung

1. Teil: Atemtechnik

Denken Sie bitte an den Atem-Rhythmus:

6 Pulsschläge lang einatmen, 3 Pulsschläge lang die Luft anhalten, 6 ausatmen (dabei einen U-Ton erzeugen), 3 Pause und wieder langsam einatmen.

Wiederholen Sie diesen Atem-Rhythmus etwa 10 mal.

Schließen Sie bitte die Augen, und stellen Sie sich das Bild einer langsamen, gleichmäßigen Bewegung vor: langsam anrollende und ausrollende, riesige Meereswellen, sich im leichten Wind bewegende Kornfelder, sich majestätisch wiegende Baumwipfel oder langsam am Himmel ziehende Wolken.

1. Woche – 6. Übungstag

2. Teil: Gymnastische Übungen

Grätsche im Liegen

Diese Übung ist gut für Ihre Hüften, Oberschenkel und Ihren Bauch. Legen Sie sich flach auf den Rücken, Ihre Beine sind gestreckt und geschlossen. Spreizen Sie nun die Beine weit auseinander, die Knie bleiben dabei gestreckt.

Dann schließen Sie die Beine wieder, so rasch wie möglich.

Wiederholen Sie diese Übung 5 mal.

Isometrische Übungen

Führen Sie die Übung 3 mal durch. Spannen Sie Ihre Muskeln jeweils 6 Sekunden lang mit maximaler Kraft an, und lassen Sie dann sofort los, und entspannen Sie. Vergessen Sie nicht, auch während der Anspannung zu atmen.

Spannen Sie die Muskeln über den Knien an, indem Sie ohne Stütze und mit gebeugten Knien stehen.

Versuchen Sie, diese Stellung ungefähr 30 Sekunden beizubehalten.

Phase II:
Basistraining

1. Teil: Informationsaufnahme

Kippfigur
Was sehen Sie auf diesem Bild?

Buchstabenlücken
Bei diesem Spiel können Sie aus zwei vorgegebenen Buchstaben so viele Wörter wie möglich machen. Stellen Sie sich die beiden Buchstaben M und R als ein Wort vor, bei dem die Vokale (a, e, i, o, u), Umlaute (ä, ö, ü) und Doppellaute (au, ai, eu, ei) fehlen und jetzt ergänzt werden können. Zwei Beispiele geben wir Ihnen: „Emir, Moor".

Wie viele Wörter fallen Ihnen ein?

Das Spiel kann man auch zu zweit oder mit mehreren Personen spielen.

Vorgegeben sind die beiden Buchstaben M — R.

Jetzt sind Sie an der Reihe:

_____

_____

_____

_____

1. Woche - 6. Übungstag

Schwarz-Weiß-Figuren
Versuchen Sie bitte, sich die Figuren einzuprägen.
Blättern Sie danach um. ➤

Künstlerdaten
Versuchen Sie bitte, sich die Daten der Künstler einzuprägen.
Danach blättern Sie bitte um. ➤

Wolfgang Amadeus Mozart   1756 – 1791
Franz Schubert   1797 – 1828
Franz Liszt   1811 – 1886
Johannes Brahms   1833 – 1897

Phase II:
Lösungen und Fortsetzungen

Lösungen

Kippfigur

Bei Kippfiguren sind immer zwei Dinge zu sehen.

Bei diesem Bild, dem sogenannten Rubinschen Becher, zeigt die weiße Fläche einen Becher. Die schwarze Fläche zeigt zwei sich anschauende Gesichtsprofile.

Buchstabenlücken

Hier sind einige Beispiele:

mir, Meer, Maria, Amor, Eimer, Mauer, Mär, Meier, Meierei...

Fortsetzungen

➤ Schwarz-Weiß-Figuren

Gerade waren noch einige Felder schwarz. Erinnern Sie sich, welche es waren? Malen Sie sie wieder schwarz. Danach können sie zum Vergleich zurückblättern.

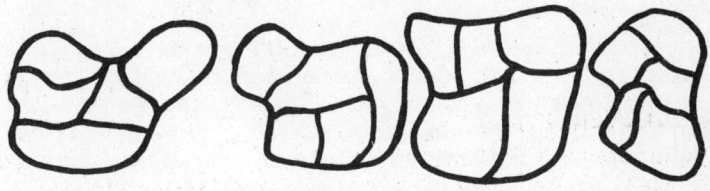

➤ Künstlerdaten

Ergänzen Sie bitte die fehlenden Daten.

_____ Mozart	1756 – 1791
Franz Schubert	1797 – ____
Franz Liszt	____ – 1886
Johannes _____	____ – 1897

Phase III:
Merk-Zettel

Wissenswertes

Gefühl der Herzenge – Angina Pectoris

Anzeichen einer **Angina Pectoris** ist ein starkes Druckgefühl oder Schmerzen hinter dem Brustbein. Die Schmerzen strahlen in die linke Seite und in den linken Arm (selten in den rechten Arm) und in den Hals aus und erzeugen ein beklemmendes Engegefühl in der Brust.

Sie wird anfallsweise verursacht durch **Sauerstoffmangel** des Herzmuskels. Ursache des Sauerstoffmangels sind Verengungen der Arterien, die von außen das Herz mit sauerstoffhaltigem Blut versorgen, entweder durch nervliche Verengungen der Herzkranzgefäße oder durch Ablagerungen (Arteriosklerose).

Die Angina Pectoris Anfälle werden meist bei Belastung ausgelöst. Das Herz wird dann nicht mehr mit der nötigen Sauerstoffmenge versorgt. Die Schmerzen können in schweren Fällen auch in Ruhe auftreten.

Wenn sich die Anfälle wiederholen, können bleibende Schäden auftreten, die sogar lebensgefährlich werden und Herzinfarkt oder Herzflimmern verursachen. Ist das Herz geschädigt, wird das Gehirn mit zuwenig Sauerstoff versorgt.

Ursachen:
— Hoher Blutdruck, z. B. durch häufigen Streß, Nikotin- und Koffeinmißbrauch
— Fettes Blut, durch falsche und übermäßige Ernährung

Vorbeugungen:
— Sorgen Sie nach Phasen der Anspannung immer für ausreichend Entspannung.
— Verzichten Sie ganz auf Nikotin.
— Schränken Sie den Kaffeekonsum stark ein.
— Ernähren Sie sich bewußter: fett-, zucker- und salzarm, aber vitaminreich (Obst und Gemüse).
— Erreichen Sie Ihr Normalgewicht, z. B. auch durch regelmäßiges Training.

1. Woche - 6. Übungstag

Planungsbogen für den Tag   **Datum:** _____

Vormittag: _Gehirn-Jogging_ _____

_____

_____

_____

_____

Nachmittag: _____

_____

_____

_____

_____

_____

_____

Abend: _____

_____

_____

Mein besonderes Tagesziel: _____

_____

_____

_____

Phase III:
Merk-Zettel – Fragen zum Vortag

Wissenswertes

■ Warum gibt es überhaupt einen Blutdruck?

_____

_____

■ Ab wann spricht man von „hohem Blutdruck"?

_____

_____

■ Wieso kann zu hoher Blutdruck zu einem gesundheitlichen Risiko werden?

_____

_____

■ Nennen Sie einige Beispiele, was Sie selbst für einen normalen Blutdruck tun können!

_____

_____

Zum Tagesplan des Vortages

Haben Sie gestern Ihren Tagesplan eingehalten? Schreiben
Sie hier bitte auf, was Sie gestern erledigt haben.

Vormittag: *Gehirn-Jogging*

Nachmittag:

Abend:

Mein besonderes Tagesziel:

Phase IV:
Denk-Mal

Eins zuviel

Bei den folgenden Wortketten sind jeweils 4 Wörter durch eine Gemeinsamkeit miteinander verbunden. Ein fünftes hat sich eingeschlichen, es gehört nicht dazu. Versuchen Sie bitte, dieses Wort herauszufinden.

Ein Beispiel:

Klee – Picasso – Monet – Bach – Renoir
Gemeinsamkeit: Maler; Bach war Komponist.
Er gehört also nicht in diese Reihe.

1.) Lübke – Adenauer – Scheel – Carstens – Heuss

2.) Schmeling – Caracciola – Stuck – Lauda – Moss

3.) Adler – Milan – Sperber – Kranich – Habicht

4.) Italien – Spanien – Irland – Algerien – Dänemark

5.) Fenchel – Pfefferminz – Kamille – Kakao – Hagebutte

6.) Steinpilz – Pfifferling – Champignon – Fliegenpilz

7.) Baumwolle – Leinen – Seide – Nylon – Wolle

Tip des Tages

Singen

Wann haben Sie zuletzt gesungen?
Wann?
Laut?

Es wird höchste Zeit! Singen Sie drauflos. Egal was Ihnen einfällt! Aber laut, wenn ich bitten darf.

„Erst wenn beim Nachbarn die Scheiben bersten, ist der Tatbestand der Sachbeschädigung erfüllt!

Unterstützen Sie Ihren Gesang mit Händeklatschen!"

 # Phase IV:
Lösung und Denk-Netz

Eins zuviel

1.) Deutsche Bundespräsidenten; Adenauer war jedoch Bundeskanzler.

2.) Autorennfahrer; Max Schmeling war Berufsboxer.

3.) Greifvögel; der Kranich ist ein Watvogel.

4.) Europäische Staaten; Algerien gehört zu Afrika.

5.) Pflanzen, aus denen Tee gemacht wird; aus Kakao wird kein Tee gemacht.

6.) Speisepilze; der Fliegenpilz ist giftig.

7.) Naturfasern; Nylon ist eine Kunstfaser.

 # Kür-Phase V:
Kopf-Kino

1. Woche - 6. Übungstag

Denk-Netz

Hier ist Platz für Ihr Denk-Netz zum „Wissenswerten"
aus dem Merk-Zettel von heute.

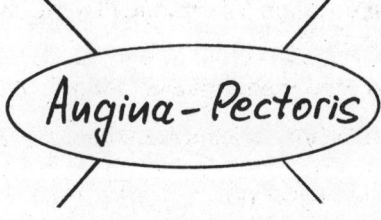

Führen Sie heute Kopf-Kino durch, um Ihre geistigen Vorstellungskräfte für Gesundheit, Ausgeglichenheit und für das Lösen von Alltagsproblemen zu nutzen.
Auch beim Planen, Merken und Erinnern ist es hilfreich.

Phase I:
Aufwärmübung

1. Teil: Atemtechnik

Denken Sie bitte an den Atem-Rhythmus:
6 Pulsschläge lang einatmen, 3 Pulsschläge lang die Luft anhalten, 6 ausatmen (dabei einen U-Ton erzeugen), 3 Pause und wieder langsam einatmen.

Wiederholen Sie diesen Atem-Rhythmus etwa 10 mal.

Schließen Sie bitte die Augen, und stellen Sie sich das Bild einer langsamen, gleichmäßigen Bewegung vor: langsam anrollende und ausrollende, riesige Meereswellen, sich im leichten Wind bewegende Kornfelder, sich majestätisch wiegende Baumwipfel oder langsam am Himmel ziehende Wolken.

2. Teil: Gymnastische Übungen

Gegen müde Füße

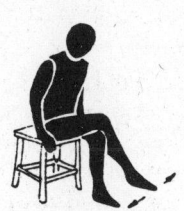

Legen Sie das rechte Bein über das linke Knie. Bewegen und räkeln Sie die Zehen Ihres rechten Fußes, zappeln Sie mit ihnen.

Drehen Sie nun Ihren rechten Fuß im Gelenk erst nach links, dann nach rechts.

Wiederholen Sie die Übung 10 mal.

Kreuzen Sie dann das linke Bein über das rechte Knie und wiederholen Sie alles mit dem linken Fuß.

Isometrische Übungen

Führen Sie die Übung 3 mal durch. Spannen Sie Ihre Muskeln jeweils 6 Sekunden lang mit maximaler Kraft an, und lassen Sie dann sofort los, und entspannen Sie. Vergessen Sie nicht, auch während der Anspannung zu atmen.

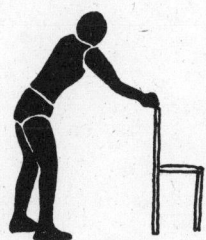

Stellen Sie sich vornübergebeugt mit leicht gespreizten Beinen hin.

Die Hände stützen sich auf einem Tisch oder einer Stuhllehne ab. Versuchen Sie, die Hände und Arme kräftig nach unten zu drücken.

Phase II:
Basistraining

1. Teil: Informationsaufnahme

Kästchen
Wie viele Kästchen fehlen in dem Quadrat?

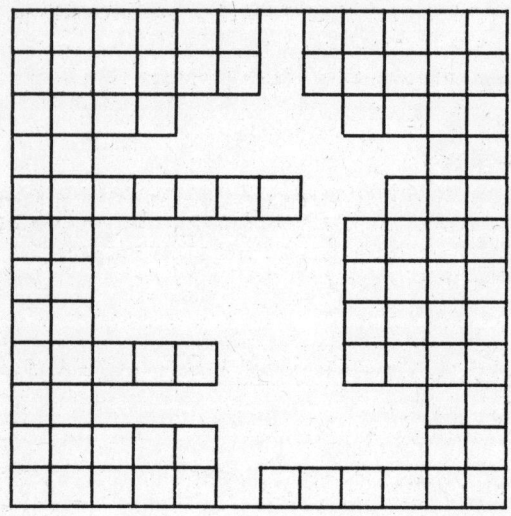

Welche Zahl fehlt?

$$2 - 4 - 6 - 12 - 14 - \_\_ - 30$$

2. Teil: Informationsspeicherung

Rezept-Zutaten

Prägen Sie sich bitte folgende Zutaten ein:

500 g Mehl, 250 g Zucker, 250 g Butter, 4 Eier, 4 Eßlöffel Milch,
1 Päckchen Vanillezucker, 1 Päckchen Backpulver,
1 Eßlöffel Paniermehl.

Ergibt das nicht einen leckeren Kuchen?

Bitte umblättern. ➤

Telefonnummern

Versuchen Sie bitte, sich diese Telefonnummern einzuprägen. Dabei schlagen Sie zwei Fliegen mit einer Klappe. Sie
trainieren Ihr Gedächtnis und behalten leichter die Telefonnummern Ihrer Bekannten.

| 7 4 8 5 8 3 | 2 1 4 7 2 9 | 8 2 6 3 8 4 |

Jetzt bitte umblättern. ➤

... weißt Du, was dem Pygmalion* neulich passiert ist?

* Pygmalion
= König von Cypros

 # Phase II:
Lösungen und Fortsetzungen

Lösungen

Kästchen
Es fehlen 51 Kästchen.

Welche Zahl fehlt?

Der Rhythmus ist: · 2 + 2 · 2 + 2 · 2 + 2

Die fehlende Zahl ist also 28.

Fortsetzungen

➤ Rezept-Zutaten

Welche Zutaten für den Kuchen waren es?

_____

_____

_____

Haben Sie nicht Lust bekommen, wieder einmal etwas Leckeres zu backen?
Ob Sie alle Zutaten haben, sehen Sie, wenn Sie nochmal zurückblättern.

➤ Telefonnummern

Erinnern Sie sich an alle drei Telefonnummern?
Schreiben Sie sie bitte hier auf.
Blättern Sie nicht zu früh zurück.

_____   _____   _____

Phase III:
Merk-Zettel

Vorbeugung und Heilung durch ausgewogene Ernährung für den gesunden Stoffwechsel

Neben den Hauptnährstoffen, Kohlenhydrate, Eiweiße und Fette, brauchen wir noch dringend Vitamine, Mineralien und Spurenelemente.

Vitamine:	Wirkungsbereich:	Vorkommen:
Beta-Karotin	Sehen, Haut, Cholesterinspiegel	Möhren, Aprikosen, grünes Gemüse
A		Leber, Eidotter
B-Gruppe	Stressreduzierung	äußere Schale von
B 1	Umwandlung von Zucker in Wärme	Getreide, ungeschälter Reis, Hülsen-
B 2	Faltenbildung der Haut	früchte, Milch,
B 6	Cholesterinansammlungen, Stoffwechsel der Nähr-stoffe	Milchprodukte, Hefe, Leber (nicht zu häufig
B 12	Gehirn, Nerven, Erschöpf-ung, geistige Fähigkeiten	essen wegen des Schwermetallgehaltes!)
C	Widerstandskraft gegen Krankheiten, allgemeine Leistungsfähigkeit, Zellaufbau	Zitrusfrüchte, Paprika, Erdbeeren, schwarze Johannisbeeren
D	Stressreduzierung, Calciumgehalt in den Knochen	Lebertran, Milch und Milchprodukte, Eidotter
E	Bildung von Zellkernen, verhindert Verbrennung von Vitamin A	Pflanzenöl
Mineralien:	**Wirkungsbereich:**	**Vorkommen:**
Kalium	treibt Wasser aus den Körperzellen	Bananen, Aprikosen
Calcium	Erhaltung der Knochen und Zellwände	Milch, Milchprodukte
Magnesium	Stressreduzierung, Cholesterinspiegel, Wadenkrämpfe, Migräne	weiße Bohnen, Kakaopulver, getrocknete Feigen

Dazu sind noch Spuren(-elemente) von Eisen, Zink, Kupfer, Chrom, Fluor, Jod, Selen u. a. notwendig.

1. Woche - 7. Übungstag

Planungsbogen für den Tag   **Datum:** _____

Vormittag: _Gehirn-Jogging_ _____

_____

_____

_____

_____

Nachmittag: _____

_____

_____

_____

_____

_____

_____

Abend: _____

_____

_____

Mein besonderes Tagesziel: _____

_____

_____

_____

Phase III:
Merk-Zettel – Fragen zum Vortag

■ Was ist Angina Pectoris, und wodurch wird sie verursacht?

_____

_____

_____

■ Welche gefährlichen Folgen kann Angina Pectoris haben?

_____

_____

■ Welche Risikofaktoren „begünstigen" Angina Pectoris?

_____

_____

■ Wie läßt sich die Gefahr von Angina Pectoris verringern?

_____

_____

1. Woche - 7. Übungstag

Zum Tagesplan des Vortages

Haben Sie gestern Ihren Tagesplan eingehalten? Schreiben Sie hier bitte auf, was Sie gestern erledigt haben.

Vormittag: *Gehirn-Jogging*

Nachmittag:

Abend:

Mein besonderes Tagesziel:

Phase IV:
Denk-Mal

Auf dem unteren Bild des kleinen Clowns haben sich leider einige Fehler eingeschlichen.
Wie viele und welche sind es?
Kreisen Sie sie ein!

Tip des Tages

Aktiv werden, wo es am schwersten fällt

Organe und auch Fähigkeiten verkümmern, wenn sie nicht oder nur wenig in Anspruch genommen werden.

Deshalb ist es wichtig, sich ständig zu fordern. Wenn Sie feststellen, daß Sie etwas nicht mehr so gut können, dann müssen Sie gerade in diesem Bereich aktiv werden.

Sagen Sie niemals „dafür bin ich doch viel zu alt"! Wie alt Sie sich wirklich fühlen, bestimmen Sie allein.

Bei allen Aktivitäten darf man aber auch keine Wunder erwarten. Wichtig ist, daß sie regelmäßig und mit großer Ausdauer ausgeführt werden.

Überlegen Sie einmal, was Ihnen am schwersten fällt, und versuchen Sie, es noch heute auszuführen.

Phase IV:
Lösung und Denk-Netz

Akrobat schöööööön!

Es sind acht Fehler. Haben Sie alle gefunden?

Kür-Phase V:
Kopf-Kino

Denk-Netz

**Hier ist Platz für Ihr Denk-Netz zum „Wissenswerten"
aus dem Merk-Zettel von heute.**

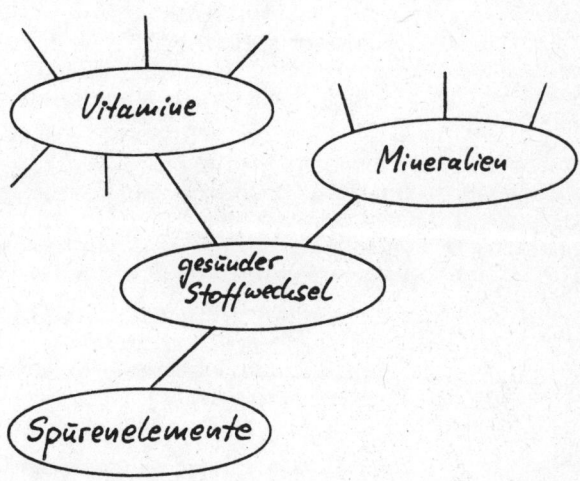

Führen Sie heute Kopf-Kino durch, um Ihre geistigen Vorstellungskräfte für Gesundheit, Ausgeglichenheit und für das Lösen von Alltagsproblemen zu nutzen.
Auch beim Planen, Merken und Erinnern ist es hilfreich.

Die 6×6-Sekunden-Entspannungs-Methode

Liebe Gehirn-Joggerin, lieber Gehirn-Jogger,

im 1. Wochenprogramm habe ich Ihnen den Regieraum vorgestellt. In diesen können Sie sehr schnell eintreten und dort Regie übernehmen über die Filme, die Sie vor Ihrem geistigen Auge ablaufen lassen wollen, um Ihre ganz persönlichen Probleme zu lösen.

Heute möchte ich Ihnen eine ganz besondere und in allen Lebensunterlagen durchführbare Entspannungsmethode vorstellen, die in Sekundenschnelle funktioniert. Wenn Sie sich müde oder abgeschlagen fühlen, können Sie sich damit sofort auf die Höhe bringen. Sind Sie aber gestreßt, aufgeregt und fühlen sich unter Druck gesetzt, können Sie sich damit schnell entspannen. Sie kommen mit Hilfe dieser Entspannungssmethode sehr schnell zu hoher Leistungsfähigkeit.

Bei den isometrischen Übungen haben wir schon viele Möglichkeiten angeboten, sich durch Anspannung zu entspannen, besser gesagt, durch den Wechsel von Anspannung und Entspannung. Eine Reihe dieser Übungen, aufeinander abgestimmt, führt nun zu der **„6×6-Sekunden-Entspannung"**. Sie besteht aus 6 Phasen:

① Drücken Sie Ihre Zehen ganz fest nach unten, so als ob Sie mit Ihrem Fuß eine „Faust" ballen wollten. Krümmen Sie Ihren Fuß ganz fest, und spannen Sie 6 Sekunden lang kräftig an, d. h. zählen Sie dabei entspannt bis 6. Atmen Sie ruhig weiter. Danach entspannen Sie sich 6 Sekunden.

② Spannen Sie jetzt den Fuß und alle Beinmuskeln mitsamt dem Po kräftig an. Drücken Sie alle Muskeln vom Fuß, Bein und Gesäß 6 Sekunden lang so fest Sie können. Danach lassen Sie wieder völlig los und entspannen sich 6 Sekunden. Genießen Sie dabei die Entspannung.

③ Als nächstes spannen Sie bitte jetzt ganz fest Bauch- und Rückenmuskeln an. Ziehen Sie, so fest wie möglich, den Bauch ein. Der Bauch muß sich richtig nach innen wölben, und drücken Sie zugleich die Rückenmuskeln im Bereich der Lendenwirbel dagegen. Achten Sie weiter darauf, daß Sie immer ruhig und gleichmäßig weiteratmen, trotz aller Anspannungen, und dann entspannen Sie sich weiter für 6 Sekunden.

④ Bei der 4. Phase spannen Sie Brust, Rücken, Arme und Nacken, d. h. den ganzen Oberkörper. Ballen Sie ihre Hände ganz fest zusammen, und spannen Sie den ganzen Oberkörper so fest wie möglich an; und jetzt wieder 6 Sekunden entspannen.

⑤ Spannen sie mit einer Grimasse bei geschlossenen Augen alle Gesichtsmuskeln ganz an. Prüfen Sie dabei, daß Sie alle Muskeln wirklich fest anspannen, und entspannen Sie wieder.

⑥ Jetzt kommt die Zusammenfassung aller Einzelübungen. Spannen Sie von den Zehen bis zum Kopf alle Muskeln zugleich an, 6 Sekunden lang, und entspannen Sie.

Sie werden spüren, wie wohltuend diese Entspannungsübungen wirken. Sie haben sich jetzt bestmöglich aktiviert und sind wieder voll handlungsfähig.

Diese schnelle Entspannungsmethode hilft Ihnen in schwierigen Situationen oder z. B. im Wartezimmer des Zahnarztes, in einem Amt, vor einem Gespräch mit dem Schwiegersohn, im Auto, in der Straßenbahn, wo Sie sich gerade befinden. Üben Sie diese Methode öfter, damit sie Ihnen in allen Lebenslagen sofort und gut gelingt.

Denken Sie immer daran, Geist und Körper sind eins. Wenn Sie Geist und Körper trainieren und aktivieren, tun Sie viel für Ihre Handlungsfähigkeit und ihr Wohlbefinden.

Viel Erfolg mit dem 2. Wochenprogramm „noch mehr Gehirn-Jogging".

Alles Gute

Ihr
Frank Berchem

Phase I:
Aufwärmübung

1. Teil: Atemtechnik

Bei der normalen, unbewußten Atmung nimmt ein Erwachsener nur durchschnittlich 1/2 Liter Luft in die Lunge auf. Mit der bewußten, intensiven Atemtechnik können Sie mehr als 2 Liter Luft mit jedem Atemzug aufnehmen.

Je tiefer und kräftiger Sie einatmen, um so mehr Luft gelangt also in die Lungen und damit auch der in der Luft enthaltene, lebensnotwendige Sauerstoff. Je mehr Sauerstoff Sie aufnehmen, um so mehr Energie können Ihre Körperzellen erzeugen.

Gleichzeitig beruhigt und entspannt das bewußte und intensive Atmen.

Deshalb hier noch einmal die Atemtechnik:

■ Atmen Sie immer durch die Nase ein.
■ Lassen Sie zuerst den Bauch hervortreten.
■ Füllen Sie die Lungen völlig auf. Dabei weiten Sie den Brustkorb und füllen auch die Lungenspitzen mit Luft.

Achten Sie immer auf den Rhythmus:

6 Sekunden einatmen – 3 Sekunden die Luft anhalten – 6 Sekunden ausatmen – 3 Sekunden Pause.

Wiederholen Sie dies etwa 10 mal.

Weitere Vorteile dieser Atmung sind:

■ Die Beweglichkeit des Brustkorbes und der Rippen wird verbessert.
■ Da auch der Bauch bei der Atmung miteinbezogen wird, erhöht sich durch die Bewegung die Durchblutung des Bauchraumes, was z. B. die Verdauung fördert.

2. Woche - 1. Übungstag

2. Teil: Gymnastische Übungen

Bewegung

Viel Bewegung macht körperlich fit und leistungsfähiger. Aber auch der Stoffwechsel wird verbessert, weil durch die Kreislaufaktivierung den Körperzellen mehr Nährstoffe und Sauerstoff zugeführt wird. Diese Nährstoffe werden dann auch besser verwertet. Als Folge erhöht sich der Kalorienverbrauch und das Körpergewicht verringert sich. Die Verdauung wird ebenfalls angeregt.

Fußkreisen

Diese Übung ist gut für Bauch und Beine.
Führen Sie diese Übung im Liegen durch.
Schieben Sie sich ein Kissen unter Ihr Becken, und heben Sie die Beine senkrecht gestreckt nach oben.
Lassen Sie Ihre Füße im Fußgelenk kreisen, links und rechts herum.
Dann lassen Sie Ihre Beine wieder sinken. Wiederholen Sie diese Übung 5 mal.

Isometrie – Muskelanspannungsübungen

Neben der sofortigen Kreislaufaktivierung haben die isometrischen Übungen auch langfristig positive Wirkungen:
■ Sie sorgen für eine Stärkung der Muskulatur.
  Dies ist z. B. auch gut für die Körperhaltung.
■ Eine gute Haltung sichert Beweglichkeit.
■ Eine gute Muskulatur unterstützt die Organe, sie fördert z. B. den Rückfluß des Blutes zum Herzen.
■ Gut durchblutete Muskeln erzeugen auch Wärme im Körper.

Fassen Sie einen Besenstiel und versuchen Sie, ihn erst mit der einen, dann mit der anderen Hand zusammenzudrücken.

Phase II:
Basistraining

1. Teil: Informationsaufnahme

Boggle – Buchstaben kreuz und quer

Bilden Sie aus benachbarten Buchstaben Wörter, die mindestens 3 Buchstaben haben. Es dürfen keine Fremd- oder Phantasiewörter vorkommen. Alle Wörter müssen in einem Wörterbuch stehen.

Ein Beispiel zeigt, wie es geht:

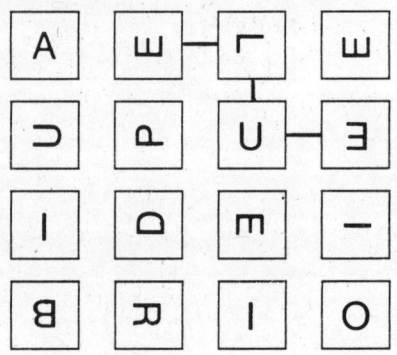

EULE
_____

_____

_____

Rückwärts lesen

Wie lautet der untenstehende Satz, wenn man ihn von hinten nach vorne liest?

DIE LIEBE IST SIEGER – REGE IST SIE BEI LEID

2. Woche - 1. Übungstag

2. Teil: Informationsspeicherung

Phantasie-Figuren

Sehen Sie sich die Figuren bitte sehr genau an.
Wenn Sie meinen, Sie könnten die Figuren wiedererkennen, blättern Sie bitte um. ➤

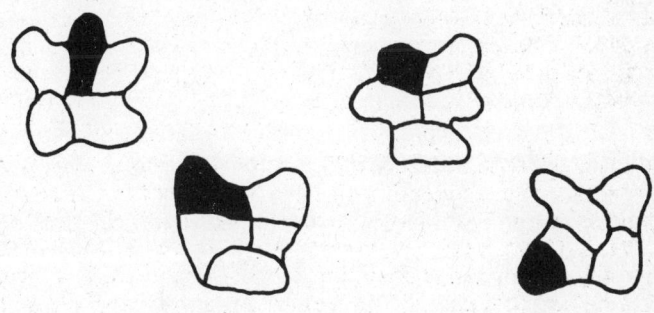

Geburtstage

Onkel Erwin   27. April 1921
Tante Klothilde   7. Dezember 1915
Herr Josef Schehl   4. Juli 1936

Versuchen Sie, sich diese Geburtstage einzuprägen. Anschließend blättern Sie bitte um. ➤

Phase II:
Lösungen und Fortsetzungen

Lösungen

Boggle-Buchstaben kreuz und quer

Hier sind einige Wörter, die im Spiel enthalten sind. Sicher haben Sie noch mehr oder andere Wörter gefunden.

BREI, PUDER, IRE, DIR, DER, REUE, LEE, LEIER, LUPE, LUDER, LEER

Rückwärts lesen

Teilt man die Buchstaben entsprechend auf, heißt der Satz rückwärts gelesen genau gleich. Es handelt sich also um ein Palindrom.

Erinnern Sie sich noch an das 1. Wochenprogramm? Dort gab es auch solch ein Palindrom. Wie hieß das Wort doch noch gleich?

Fortsetzungen

➤ Phantasie-Figuren

Unterstreichen Sie bitte die Figuren, die Sie sich eingeprägt haben.

 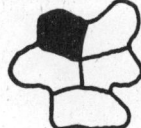 

➤ Geburtstage

Onkel Erwin   27. April ____
Tante Klothilde   __ _____ 1915
Herr Josef Schehl   4. __ _____

Setzen Sie bitte die fehlenden Angaben ein.
Haben Sie's gewußt? Zur Kontrolle bitte zurückblättern.

Phase III:
Merk-Zettel

Wissenswertes

Die Lebens-Energie-Spirale

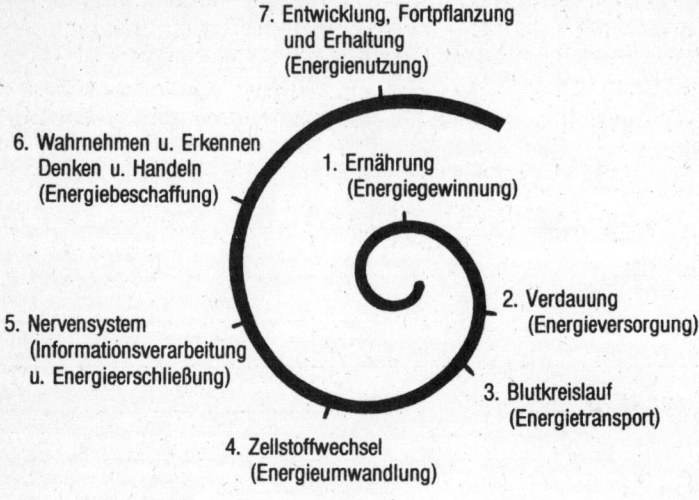

7. Entwicklung, Fortpflanzung und Erhaltung (Energienutzung)

6. Wahrnehmen u. Erkennen Denken u. Handeln (Energiebeschaffung)

1. Ernährung (Energiegewinnung)

2. Verdauung (Energieversorgung)

5. Nervensystem (Informationsverarbeitung u. Energieerschließung)

3. Blutkreislauf (Energietransport)

4. Zellstoffwechsel (Energieumwandlung)

Die Grundlage für alles Leben ist die Energie

Die Primärenergie für das Leben auf unserem Planeten ist die Sonnenenergie. Pflanzen können diese Energiequelle direkt „anzapfen". Mit Hilfe des Blattgrüns können sie Sonnenenergie in Zucker, Stärke und Eiweiß umwandeln und in ihren Zellen speichern. Alle anderen Lebewesen sind „Räuber". Sie müssen nämlich den indirekten Weg gehen und die für sie lebensnotwendige Energie über das Vertilgen von Pflanzen gewinnen, indem sie die von den Pflanzen angelegten Energiebausteine, vor allem Stärke, aber auch Eiweiß, Fett und Zukker ausschlachten. Oder sie verspeisen Tiere, die ihrerseits Energie von Pflanzen gewonnen und für sich umgewandelt und gespeichert haben.

(Fortsetzung auf Seite 134)

2. Woche - 1. Übungstag

Planungsbogen für den Tag   **Datum:** _____

Ein planvoller Tagesablauf steigert Ihre allgemeine Leistungsfähigkeit und Zufriedenheit. Dies ist aber nicht immer kurzfristig möglich. Deshalb finden Sie in allen Wochenprogrammen
diesen Planungsbogen. Tragen Sie bitte wieder alles ein, was
Sie heute tun möchten oder tun müssen. Auch das tägliche
Gehirn-Jogging, das Sie am besten immer vormittags ausführen.

Vormittag: _Gehirn-Jogging_ _____

_____

_____

_____

Nachmittag: _____

_____

_____

_____

Abend: _____

_____

_____

Mein besonderes Tagesziel: _____

_____

_____

_____

Fortsetzung

Sieht man alles Leben unter dem Aspekt der Energiegewinnung, ist die Nahrung unsere Energiequelle.

Durch die **Ernährung** gewinnen wir Energiebausteine, die Grundnahrungsstoffe, Stärke, Zucker, Eiweiß und Fett und alle anderen Nährstoffe. Die Verdauung zerkleinert die Bausteine und wandelt sie so um. Alle Zellen, Organe, Muskeln und Nerven werden so für ihren eigenen Aufbau und ihre Arbeit mit Energie versorgt.

Der Blutkreislauf transportiert Energie und Sauerstoff zu allen Zellen des Körpers und sorgt für den Abtransport von Rückständen. Durch die Atmung reichern wir das Blut mit Sauerstoff an. Sauerstoff ist notwendig, um die Nährstoffe in den Zellen zu „verbrennen". Bei diesem **Zellstoffwechsel** wird die Energie erzeugt. Sie schafft Wärme und Arbeit und ermöglicht über 100 000 biochemische Prozesse, die ständig im Körper nebeneinander ablaufen. Unser Gehirn ist der Hauptenergieverbraucher in bezug auf Zucker. Es braucht 50 % des gesamten Zuckers, der aus der Nahrung gewonnen wird und 25 % des Sauerstoffs

Das Nervensystem steuert die Organe. Das Gehirn ist seine Zentrale und für die Informationsverarbeitung notwendig. Diese wiederum ist u. a. nötig für Lebewesen, um immer wieder neue Energiequellen zu erschließen. Sie benötigen die Energie zum Denken, Reagieren, Bewegen, Handeln, Sprechen, um wieder neue Energie zu beschaffen zum Zwecke des Aufbaus, der Entwicklung, der Erhaltung und der Fortpflanzung. Die Triebe und das über Jahrtausende Angelernte bestimmen weitgehend unser Verhalten.

2. Woche - 1. Übungstag

Zum Tagesplan des Vortages

Können Sie sich denn auch noch an den letzten Übungstag des 1. Wochenprogramms erinnern?

Überlegen Sie bitte, wie Sie diesen Tag geplant hatten, und ob Sie diese Planung auch verwirklichen konnten. Schreiben Sie hier bitte auf, was Sie an diesem Tag gemacht haben.

Vormittag: _Gehirn-Jogging_

_____

_____

Nachmittag: _____

_____

_____

_____

Abend: _____

_____

_____

Mein besonderes Tagesziel: _____

_____

_____

_____

_____

Phase IV:
Denk-Mal

Diese 10 Streichhölzer bilden eine Fläche.

Wie können Sie durch Hinzufügen von nur 2 weiteren Streichhölzern die Fläche verdoppeln?

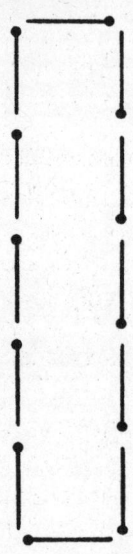

2. Woche - 1. Übungstag

Lebensmuster

Sommer — Winter
Tag — Nacht
Arbeit — Ruhe
Anspannung — Entspannung
Wachen — Schlafen

Auf Phasen der Anspannung müssen immer auch Phasen der Entspannung folgen, damit Körper und Geist sich „lösen" können.

Sich richtig anspannen und entspannen zu können, ist sehr erstrebenswert, weil damit die körperlichen und psychischen Kräfte und Energien gezielt und ökonomisch eingesetzt werden können. In Phasen der Entspannung sammeln Körper und Geist neue Kräfte.

Nur der ständige, regelmäßige und rhythmische Wechsel ist natürlich und deshalb gesund. Wenden Sie nach Anspannungen ganz bewußt Techniken der Entspannung, Atemübungen, Gymnastik, Kopf-Kino u. ä. an.

Nach Phasen der Ruhe muß aber wieder eine Phase der Anspannung und Anstrengung folgen, damit das Gleichgewicht des Lebens nicht gestört wird. Deshalb sollten Sie auch nach Entspannungsphasen ganz bewußt wieder aktiv werden.

Anspannen und Entspannung gehören zusammen.

Versuchen Sie, dieses Lebensmuster ab heute bewußt und regelmäßig anzuwenden.

 # Phase IV:
Lösung und Denk-Netz

Streichholzknobelei

Wenn man 2 Streichhölzer hinzufügt, läßt sich diese Fläche legen, die genau doppelt so groß ist.

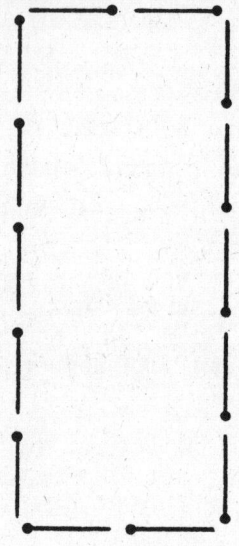

 # Kür-Phase V:
Kopf-Kino

2. Woche - 1. Übungstag

Denk-Netz

Hier ist Platz für Ihr Denk-Netz zum „Wissenswerten"
aus dem Merkzettel von heute.

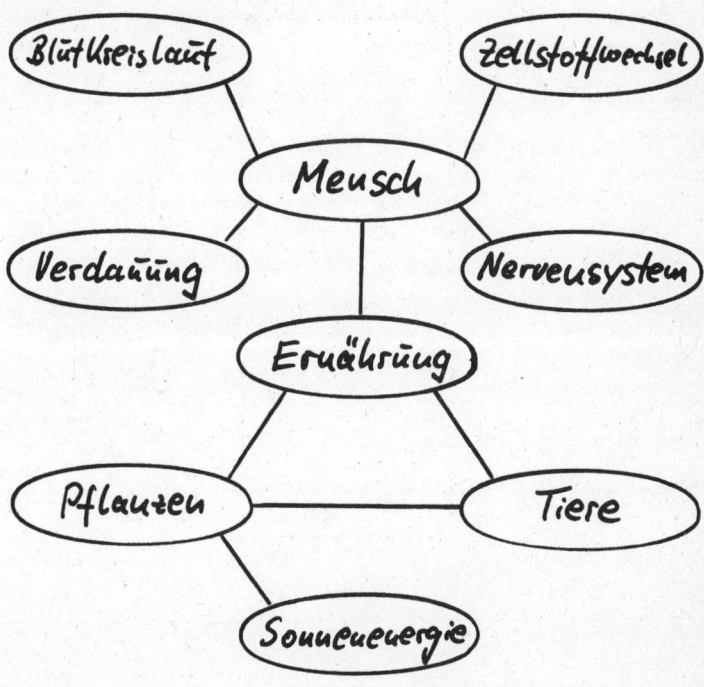

Führen Sie heute Kopf-Kino durch, um Ihre geistigen Vorstellungskräfte für Gesundheit, Ausgeglichenheit und für das Lösen von Alltagsproblemen zu nutzen.
Auch beim Planen, Merken und Erinnern ist es hilfreich.

Phase I:
Aufwärmübung

1. Teil: Atemtechnik

Denken Sie bitte an den Atem-Rhythmus:

6 Pulsschläge lang einatmen, 3 Pulsschläge lang die Luft anhalten, 6 ausatmen (dabei einen U-Ton erzeugen), 3 Pause und wieder langsam einatmen.

Wiederholen Sie diesen Atem-Rhythmus etwa 10 mal.

Schließen Sie dabei bitte die Augen, und stellen Sie sich das Bild einer langsamen, gleichmäßigen Bewegung vor: langsam anrollende und ausrollende, riesige Meereswellen; sich im leichten Wind bewegende Kornfelder; sich majestätisch wiegende Baumwipfel; langsam am Himmel ziehende Wolken.

2. Woche - 2. Übungstag

2. Teil: Gymnastische Übungen

Gymnastik aktiviert augenblicklich den Kreislauf und verbessert bei regelmäßiger Übung langfristig:

■ die Beweglichkeit der Gelenke,
■ die Dehnfähigkeit der Muskeln,
■ die Koordination der Bewegungen und damit die Haltung, das Gleichgewichtsvermögen, die Geschicklichkeit und den Bewegungsrhythmus.

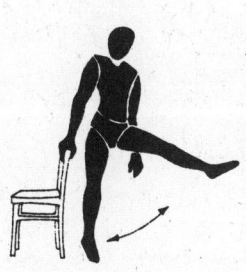

Hoch das Bein
Diese Übung trainiert Ihre Oberschenkel und Hüften. Halten Sie sich an einem Tisch oder Stuhl fest. Heben Sie das linke Bein seitwärts so hoch wie möglich. Halten Sie es dabei möglichst gestreckt. Senken Sie es wieder ab, und wiederholen Sie die Übung 5 mal.

Üben Sie dann mit dem rechten Bein.

Isometrische Übungen
Führen Sie die Übung 3 mal durch. Spannen Sie Ihre Muskeln jeweils 6 Sekunden mit maximaler Kraft an. Lassen Sie dann sofort die Muskeln los, und entspannen Sie.

Legen Sie sich bitte auf den Bauch, und strecken Sie die Arme seitlich aus. Dann drücken Sie die Handflächen auf den Boden.

141

Phase II:
Basistraining

1. Teil: Informationsaufnahme

Irrgarten

Ordnen Sie den Zahlen bitte die richtigen Buchstaben zu, indem Sie die Linien mit den Augen verfolgen. Die richtige Lösung ergibt von oben nach unten gelesen einen Namen.

1		E	1 – ☐
2		G	2 – ☐
3		G	3 – ☐
4		J	4 – ☐
5		O	5 – ☐

Buchstabenraster

Versuchen Sie, so schnell wie möglich die versteckten Wörter zu finden. Die Lösung steht wie immer auf der Rückseite.

Y	A	T
M	N	G
I	S	K

N	T	S	N
N	E		P
A	U	N	G

2. Woche - 2. Übungstag

2. Teil: Informationsspeicherung

Zahlen-Trio

Prägen Sie sich möglichst schnell diese Zahlen-Trios ein.
Danach blättern Sie bitte um. ➤

3	5	2	9
6	4	6	3
7	9	5	7

Namen

Haben Sie manchmal Schwierigkeiten, sich neue Namen zu merken?

Hier können Sie es üben. Prägen Sie sich bitte möglichst schnell die folgenden Namen ein, und blättern Sie danach wieder um. ➤

Hans Schultz   Eva Krone

Karl Drutzki   Dagmar Lethke   Boris Bätter

Phase II:
Lösungen und Fortsetzungen

Irrgarten
Die richtige Lösung war: G E J O G
Sie wissen doch: GeJog — der Grieche!

Buchstabenraster
Gymnastik, Entspannung

Fortsetzungen

➤ Zahlen-Trio

Versuchen Sie bitte, die fehlenden Zahlen zu ergänzen.
Zum Vergleich können Sie wieder zurückblättern.

3			
	4		3
		5	

➤ Namen

Erinnern Sie sich? Schreiben Sie möglichst viele der Namen
hier auf. Die Reihenfolge spielt keine Rolle. Zum Vergleich
können Sie anschließend wieder zurückblättern.

_____

_____

_____

_____

_____

Phase III:
Merk-Zettel

Wissenswertes

Die Ernährung

Die Ernährung ist die Aufnahme der Nährstoffe für den Aufbau, die Erhaltung und Fortpflanzung der Lebewesen. Die Ernährung des Menschen entspricht der des tierischen Allesfressers. Art, Menge, Zusammensetzung und Zubereitung der pflanzlichen Nahrungsmittel, Gemüse, Früchte, Getreide, und der tierischen Nahrungsmittel, Milch, Eiweiß und Fleisch, hängt sehr von den regionalen und sozialen Bedingungen und von den nationalen und auch kulturellen Gewohnheiten ab.

Für den Menschen notwendige Nährstoffe sind Kohlenhydrate (Traubenzucker, Zucker, Stärke) und Fette, Eiweiß, Wasser, Mineralsalze, Spurenelemente, Vitamine und auch Ballaststoffe.

Diese sind alle in den natürlichen Nahrungsmitteln enthalten, auch die unbedingt notwendigen Fett- und Aminosäuren. Man nennt diese Säuren essentiell. Das heißt unbedingt notwendig, weil der Körper sie nicht selbst herstellen kann. Sie sind aber für den Verdauungsablauf unverzichtbar.

Bei richtig gemischter Nahrung und einer den Hunger stillenden Menge treten beim gesunden Menschen keine Mangelerscheinungen auf. Kohlenhydrate und Fette sind vor allem Brennmaterial bzw. Energiebausteine. Eiweiße, auch Proteine genannt, erfüllen dazu noch eine wesentliche Aufgabe bei der Lieferung von Baustoffen für das körpereigene Eiweiß. Daß Grundnahrungsstoffe, Kohlenhydrate, Fett, Eiweiß, Energieträger sind, läßt sich leicht darstellen: Zucker und Stärke lassen sich an der Luft verbrennen. Dasselbe gilt für trockenes Eiweiß und wasserfreies Fett. Dabei geben sie Wärme ab, denn in allen Grundnahrungsstoffen ist Kohlenstoff enthalten, der mit Sauerstoff verbrennt.

2. Woche - 2. Übungstag

Planungsbogen für den Tag   **Datum:**
_____

Ein planvoller Tagesablauf steigert Ihre allgemeine Leistungsfähigkeit und Zufriedenheit. Dies ist aber nicht immer kurzfristig möglich. Deshalb finden Sie in allen Wochenprogrammen
diesen Planungsbogen. Tragen Sie bitte wieder alles ein, was
Sie heute tun möchten oder tun müssen. Auch das tägliche
Gehirn-Jogging, das Sie am besten immer vormittags ausführen.

Vormittag: _Gehirn-Jogging_ _____

_____

_____

_____

Nachmittag: _____

_____

_____

_____

_____

Abend: _____

_____

_____

Mein besonderes Tagesziel: _____

_____

_____

_____

Phase III:
Merk-Zettel – Fragen zum Vortag

■ Wer liefert die Energie für das Leben auf unserem Planeten, und wer kann sie direkt nutzen?

_____

_____

■ Wie kann der Mensch Energie gewinnen?

_____

_____

■ Welches sind die Energiebausteine?

_____

_____

■ Welche Aufgabe hat der Blutkreislauf?

_____

_____

■ Wozu dient das Nervensystem?

_____

_____

2. Woche - 2. Übungstag

Zum Tagesplan des Vortages

Haben Sie gestern Ihren Tagesplan eingehalten? Schreiben Sie hier bitte auf, was Sie gestern erledigt haben.

Vormittag: _Gehirn-Jogging_

Nachmittag:

Abend:

Mein besonderes Tagesziel:

Phase IV:
Denk-Mal

Vertauschen Sie die Zahlen so, daß sowohl in jeder senkrech-
ten als auch waagerechten Reihe die Summe der addierten
Zahlen 60 beträgt.

11	13	17	19
11	13	17	19
11	13	17	19
11	13	17	19

				= 60
				= 60
				= 60
				= 60
= 60	= 60	= 60	= 60	

2. Woche - 2. Übungstag

Aktive Erholung

Eine besondere Art der Entspannung ist die „aktive Erholung". Sie sollte immer dann angewendet werden, wenn die zur Verfügung stehenden Energien noch nicht erschöpft sind.

Aktive Erholung bedeutet, auch in der Erholungsphase aktiv zu sein. Wechseln Sie nach einer Phase der Anspannung die Art der Belastung und Beanspruchung, und tun Sie etwas anderes:

Wenn Sie z. B. psychisch belastet und gefordert wurden, können Sie sich mit körperlichen Aktivitäten erholen und entspannen. Nach einer körperlichen Belastung können Sie sich mit geistigen Aktivitäten, z. B. Schachspielen, entspannen.

Durch aktive Erholung werden Sie schneller wieder frisch und leistungsfähig als durch passive Erholung, Ausruhen und Faulenzen. Wichtig ist, daß die Belastung nicht zu groß ist, weil sonst die Ermüdung verstärkt wird.

Ideal zum Abbau von geistigem Streß sind Gymnastik oder Jogging. Damit ist nicht sportliches Rennen gemeint, sondern leichtes, lockeres Laufen. Bestimmen Sie Ihr Lauftempo durch den Vierer-Rhythmus: 4 Schritte lang einatmen und 4 Schritte ausatmen. Wenn Sie sich beim Laufen noch unterhalten können, haben Sie Ihre persönlich richtige Geschwindigkeit gefunden. Ermuntern Sie auch Ihre Bekannten oder Nachbarn mitzulaufen. In einer Gruppe macht es besonders viel Spaß.

Für viele genügt auch strammes Gehen!

 # Phase IV:
Lösung und Denk-Netz

Zahlenknobelei

Das ist die Lösung:

11	13	17	19	= 60
13	19	11	17	= 60
17	11	19	13	= 60
19	17	13	11	= 60
= 60	= 60	= 60	= 60	

 # Kür-Phase V:
Kopf-Kino

2. Woche - 2. Übungstag

Hier ist Platz für Ihr Denk-Netz zum „Wissenswerten"
aus dem Merk-Zettel von heute.

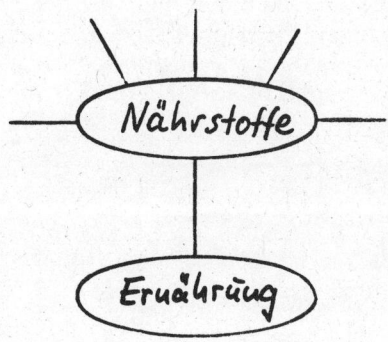

Führen Sie heute Kopf-Kino durch, um Ihre geistigen Vorstellungskräfte für Gesundheit, Ausgeglichenheit und für das Lösen von Alltagsproblemen zu nutzen.
Auch beim Planen, Merken und Erinnern ist es hilfreich.

Phase I:
Aufwärmübung

1. Teil: Atemtechnik

Denken Sie bitte an den Atem-Rhythmus:

6 Pulsschläge lang einatmen, 3 Pulsschläge lang die Luft anhalten, 6 ausatmen, 3 Pause und wieder langsam einatmen.

Wiederholen Sie diesen Atem-Rhythmus etwa 10 mal.

Schließen Sie dabei bitte die Augen, und stellen Sie sich das Bild einer langsamen, gleichmäßigen Bewegung vor: langsam anrollende und ausrollende, riesige Meereswellen; sich im leichten Wind bewegende Kornfelder; sich majestätisch wiegende Baumwipfel; langsam am Himmel ziehende Wolken.

2. Teil: Gymnastische Übungen

Hände hoch!

Diese Übung ist gut für Arme, Bauch und Brust. Sie können sie im Sitzen oder Stehen ausführen. Strecken Sie Ihre Arme in Hochhalte über den Kopf, und schließen Sie die Hände ineinander. Ziehen Sie die Arme so hoch wie möglich. Zählen Sie während des Streckens bis 10 und versuchen Sie, bei jeder Zahl ein Stückchen höher zu kommen.

Lassen Sie danach die Arme hängen, und entspannen Sie.

Isometrische Übungen

Führen Sie die Übung 3 mal durch. Spannen Sie Ihre Muskeln jeweils 6 Sekunden mit maximaler Kraft an, und lassen Sie dann sofort los, und entspannen Sie. Vergessen Sie nicht, auch während der Anspannung zu atmen.

Setzen Sie sich auf einen Stuhl, und strecken Sie beide Beine nach vorne. Legen Sie den linken Fußballen auf die rechten Zehen. Jetzt drücken Sie den linken Fuß nach unten und den rechten nach oben. Danach wechseln Sie ab. Bewegen Sie bei der Übung nur die Fußknöchel.

Phase II: Basistraining

1. Teil: Informationsaufnahme

Wie heißt der nächste Buchstabe?

Versuchen Sie bitte herauszubekommen, welcher von den vorgeschlagenen Buchstaben die Reihe richtig fortsetzt.

Jede Buchstabenfolge hat einen regelmäßigen Rhythmus.

Ein Beispiel: a c e g ____ In dieser Folge ist es jeder zweite Buchstabe des Alphabets. Die richtige Fortsetzung ist deshalb der Buchstabe „i".

1. a c e g _____ (h i j k l)
2. A B D E G _____ (C D H I K)
3. m n p s _____ (t v w x z)
4. A Z B Y C _____ (D G J N X)
5. z w t _____ (q r s t u)
6. C C D D R _____ (A D E H R)
7. a r b s c _____ (d r s t x)
8. a b b c c c d d d __ (b c d e f)

Fischer's Fritze

Fischer's Fritze fischt frischen Fisch. Aber welchen? Verfolgen Sie die Linien nur mit den Augen, um das herauszufinden.

156

2. Woche - 3. Übungstag

2. Teil: Informationsspeicherung

Woher kommt das Auto?

Nicht immer ist das Länderkennzeichen auf den Autos so eindeutig zu bestimmen wie bei D für Deutschland oder F für Frankreich.

Versuchen Sie bitte, sich die folgenden Länderkennzeichen einzuprägen, und blättern Sie danach um. ➤

Österreich	— A
Holland	— NL
England	— GB
Spanien	— E
Polen	— PL
Schweiz	— CH
Ungarn	— H
Jugoslawien	— YU
Finnland	— SF

Telefonnummern

Versuchen Sie bitte, diese Telefonnummern zu behalten. Prägen Sie sich die Nummern möglichst schnell ein, und blättern Sie dann um. ➤

673591		943727

Phase II:
Lösungen und Fortsetzungen

Lösungen

Wie heißt der nächste Buchstabe?

Das sind die richtigen Buchstaben:

1. i
2. H
3. w
4. X
5. q
6. R
7. t
8. d

Fischer's Fritze

Fischer's Fritze hat frischen Fisch gefischt. Es war der Fisch rechts unten.

158

Fortsetzungen

───

➤ **Woher kommt das Auto?**

Erinnern Sie sich noch an die Länder und ihre Kennzeichen? chen?

Österreich	–	___
_____	–	NL
England	–	___
_____	–	E
Polen	–	___
Schweiz	–	___
_____	–	H
Jugoslawien	–	___
Finnland	–	___

➤ **Telefonnummern**

Erinnern Sie sich an die richtige Nummer?
Unterstreichen Sie sie bitte.

| 573591 | 673591 | 673727 | 943845 | 943727 |

Phase III:
Merk-Zettel

Die Verdauung

Verdauung ist Umwandlung und Zerkleinerung der pflanzlichen oder tierischen Nahrungsstoffe in einfache und für den Organismus, besser gesagt für eine einzelne Zelle aufnehmbare Bausteine. Diese Umwandlung und Zerkleinerung leisten Verdauungssäfte. Produziert werden sie von einer Vielzahl von Drüsen, z. B. den Speicheldrüsen im Mund, Drüsen der Magenwand, der Bauchspeicheldrüse, der Leber (Galle) und der Darmdrüsen. Die wirksamen Bestandteile der Verdauungssäfte heißen Enzyme. Das sind Eiweißverbindungen, die das Einsetzen und Ablaufen von biochemischen Reaktionen ermöglichen.

Beim Kauen werden die Nahrungsbrocken zerkleinert und mit Speichel durchmischt. Kaut man lange ein Brot, schmeckt es nach einer Weile süß, weil ein Teil der Stärke durch die Enzyme des Speichels schon in Zweifachzucker umgewandelt wird. Bevor der erste Bissen in den Magen gelangt, haben schon die Drüsen in der Magenschleimhaut mit der Bildung des Magensaftes begonnen. Er enthält Salzsäure und eiweißspaltende Enzyme, z. B. das Pepsin. Die Salzsäure tötet die Bakterien, durchsäuert den Speisebrei, damit die Enzyme das Eiweiß zerkleinern können. Der Magen mündet in den Zwölffingerdarm. In ihm laufen der Gallenweg von der Leber her und der Ausgang der Bauchspeicheldrüse zusammen. Die Bauchspeicheldrüse „liefert" täglich 1,5 l hochwirksamen Verdauungssaft.

Durch die Gallensäure werden Fette in kleinste Tröpfchen zerlegt. Im folgenden Abschnitt des Dünndarms werden Stärke und Zweifachzucker durch den Bauchspeichel in Einfachzucker gespalten. Die Eiweißstoffe werden in ihre Aminosäuren zerlegt und bei Fetten werden die Fettsäuren von Glycerin ausgespalten. Der Speisebrei wird durch die Darmmuskulatur ständig bewegt. So werden alle Teilchen der Darmflüssigkeit gut durchmischt und die Verdauung wird erleichtert.

Die Endprodukte der Verdauung werden durch die Zellen der Dünndarmzotten aufgenommen und wandern so durch die Darmzellen in die Blutgefäße und damit in den Blutkreislauf.

2. Woche - 3. Übungstag

Planungsbogen für den Tag   **Datum:** _____

Vormittag: _Gehirn-Jogging_ _____

_____

_____

_____

_____

Nachmittag: _____

_____

_____

_____

_____

_____

Abend: _____

_____

_____

_____

Mein besonderes Tagesziel: _____

_____

_____

_____

_____

 **Phase III:**
Merk-Zettel – Fragen zum Vortag

■ Was versteht man unter Ernährung?

_____

_____

■ Welche Nahrungsstoffe sind für den Menschen lebensnotwendig?

_____

_____

■ Was ist bei der Ernährung zu beachten, damit keine Mangelerscheinungen auftreten?

_____

_____

■ Was dient der Lieferung von Baustoffen?

_____

_____

2. Woche - 3. Übungstag

Zum Tagesplan des Vortages

Haben Sie gestern Ihren Tagesplan eingehalten? Schreiben Sie hier bitte auf, was Sie gestern erledigt haben.

Vormittag: *Gehirn-Jogging*

_____

_____

_____

Nachmittag: _____

_____

_____

_____

Abend: _____

_____

_____

Mein besonderes Tagesziel: _____

_____

_____

_____

_____

 # Phase IV: Denk-Mal

Steckbrief

- Er war der Sohn eines Kanzleirates, studierte Jura und Volkswirtschaft und trat 1906 in die Zentrumspartei ein.

- Er wurde Beigeordneter und später sogar Oberbürgermeister seiner Heimatstadt.

- In der Weimarer Republik war er Mitglied und zeitweise Präsident des Deutschen Staatsrats.

- Außerdem war er Rosenzüchter und Ehrenhäuptling der Oneida-Indianer.

- Nach dem zweiten Weltkrieg hat er in wichtiger Position die Entwicklung der Bundesrepublik Deutschland mitgeprägt.

Lern-Strategie

Die Architektur-Methode

Erzeugen Sie mit dem Kopf-Kino gedanklich ein Bild Ihrer Wohnung. Darin sind alle Zimmer mit der Einrichtung genau enthalten. Wenn Sie eine Wortliste, z. B. eine Einkaufsliste, behalten wollen, plazieren Sie in jedes Zimmer das plastische, konkrete Bild eines Wortes. Wenn Sie sich später an diese Liste erinnern wollen, brauchen Sie nur in Gedanken durch Ihre Wohnung zu gehen. Sie werden dann in den jeweiligen Zimmern die Wörter der Liste „sehen" und erinnern.

Ein Beispiel: Auf dem Wohnzimmertisch „sehen" Sie ein Stück Käse, in der Badewanne ein Glas Marmelade und im Flur hängt eine Salami an der Garderobe. Mit dieser Methode können Sie sogar die Reihenfolge einer Liste behalten, wenn Sie beim Erinnern die Räume in der gleichen Reihenfolge aufsuchen wie beim Einprägen.

2. Woche - 3. Übungstag

Tapezieren

Gönnen Sie sich und Ihrer Wohnung doch mal wieder eine neue Tapete, oder streichen Sie Ihre Wohnung neu an!

Farben haben eine enorm große Wirkung auf das geistig-seelische Wohlbefinden des Menschen. Dunkle Farben machen trübsinnig und traurig, helle Farben muntern dagegen auf. Wählen Sie deshalb eine Tapete mit schönen, frischen Farben.

Oder streichen Sie Ihre Wohnung in hellen, frühlingshaften Farben. Mit hellgrünen Tönen holen Sie sich die Frische des Frühlings in Ihre Wohnung und mit Gelb die Sonne.

165

Phase IV:
Lösung und Denk-Netz

Steckbrief

Der gesuchte Mann ist **Konrad Adenauer,** geboren 1876 in Köln, gestorben 1967 in Rhöndorf.

1906 wurde er Beigeordneter der Stadt Köln, und 1917 wählte man ihn zum Oberbürgermeister. 1933 wurde er von den Nationalsozialisten abgesetzt. Während des Dritten Reiches war er zweimal inhaftiert.

Adenauer wurde zum Mitbegründer der CDU und 1948 Präsident des verfassunggebenden Parlamentarischen Rates. 1949 wurde er mit nur einer Stimme Mehrheit zum Bundeskanzler gewählt. 1951 — 1955 war er auch Außenminister. Bis zum Jahr 1963 blieb Adenauer Bundeskanzler.

Kür-Phase V:
Kopf-Kino

2. Woche - 3. Übungstag

Denk-Netz

Hier ist Platz für Ihr Denk-Netz zum „Wissenswerten"
aus dem Merk-Zettel von heute.

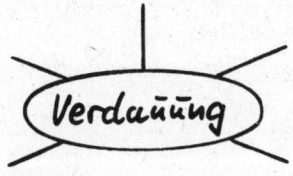

Führen Sie heute Kopf-Kino durch, um Ihre geistigen Vorstellungskräfte für Gesundheit, Ausgeglichenheit und für das Lösen von Alltagsproblemen zu nutzen.
Auch beim Planen, Merken und Erinnern ist es hilfreich.

Phase I:
Aufwärmübung

1. Teil: Atemtechnik

Denken Sie bitte an den Atem-Rhythmus: 6 Pulsschläge lang einatmen, 3 Pulsschläge lang die Luft anhalten, 6 ausatmen (denken Sie an den U-Laut), 3 Pause und wieder langsam einatmen.

Wiederholen Sie diesen Atem-Rhythmus etwa 10 mal.

Schließen Sie dabei bitte die Augen, und stellen Sie sich das Bild einer langsamen, gleichmäßigen Bewegung vor: langsam anrollende und ausrollende, riesige Meereswellen; sich im leichten Wind bewegende Kornfelder; sich majestätisch wiegende Baumwipfel; langsam am Himmel ziehende Wolken.

2. Woche - 4. Übungstag

2. Teil: Gymnastische Übungen

Flug-Versuche

Diese Übung sieht aus, als ob Sie Flugversuche machen wollten. Sie verbessert die Beweglichkeit Ihrer Handgelenke und Schultern.

Stellen Sie sich vor, Sie seien ein Vogel. Heben Sie Ihre Arme seitwärts hoch, und „flattern" Sie mit Ihren Armen.

Bewegen Sie dabei kräftig die Handgelenke, Ellenbogen und Schultern. „Flattern" Sie etwa 10 mal. Lassen Sie dann Ihre Arme locker hängen, und entspannen Sie.

Isometrische Übungen

Führen Sie die Übung 3 mal durch. Spannen Sie Ihre Muskeln jeweils 6 Sekunden mit maximaler Kraft an, und lassen Sie dann sofort los, und entspannen Sie. Vergessen Sie nicht, auch während der Anspannung zu atmen.

Legen Sie sich auf den Bauch. Fassen Sie mit der rechten Hand das Fußgelenk. Pressen Sie das gebeugte Bein fest gegen den Widerstand der Hand. Danach üben Sie das linke Bein.

Phase II:
Basistraining

1. Teil : Informationsaufnahme

Stein auf Stein

Wie viele Steine müßten Sie hinzufügen, um diese Figur aufzufüllen?

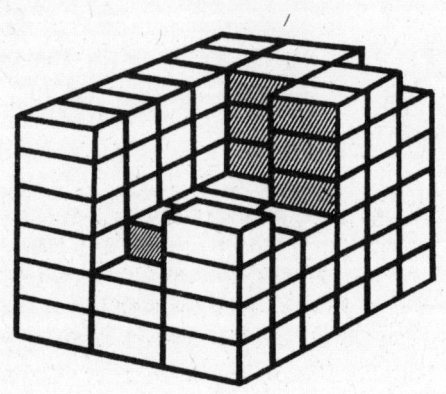

Gleiche Zeilen

Kreuzen Sie bitte möglichst schnell die Kästchen an, in denen die 2 Zeilen genau gleich sind.

| RPBBSR | 669869 | NWNMHN | 223532 | FEFFHE |
| RPBBSR | 696869 | NNWHMN | 223532 | FEFFEH |

| 896886 | XYRXXY | 741747 | DOCDOG | 898686 |
| 898686 | XYRXXY | 714747 | DOCDOG | 898686 |

Wie viele Kästchen sind es?

2. Woche - 4. Übungstag

2. Teil: Informationsspeicherung

Buchstabenreihen

Versuchen Sie, sich die Buchstabenreihen in den Rahmen gut einzuprägen. Danach blättern Sie bitte um. ➤

DFR   JIL   JOZ   EAS   FET

Reisen

Sie fahren mit dem Intercity in Hamburg los. Es ist sehr früh morgens. Am Vormittag erreichen Sie Münster, nachdem Sie vorher schon in Bremen und Osnabrück gehalten haben.

Dann haben Sie einen kurzen Aufenthalt in Dortmund. In Bochum hält Ihr Zug nicht, aber wieder in Essen.

In der Stadt Mülheim hält der Zug auch nicht, sondern fährt direkt durch nach Duisburg. Dann sind Sie sehr bald in Düsseldorf, nach einer kurzen Pause in Köln.

Blättern Sie jetzt bitte um. ➤

Unser Intercity war eine Ochsenkarre!

Phase II:
Lösungen und Fortsetzungen

Stein auf Stein
Es müßten 22 Steine ergänzt werden.

Gleiche Zeilen
Es sind 5 gleiche Kästchen.

x			x	
RPBBSR RPBBSR	669869 696869	NWNMHN NNWHMN	223532 223532	FEFFHE FEFFEH

896886 898686	XYRXXY XYRXXY	741747 714747	DOCDOG DOCDOG	898686 898686
	x		x	x

172

Fortsetzungen

➤ Buchstabenreihen

Welche Buchstabenreihen haben Sie sich gerade gemerkt?
Streichen Sie bitte die richtigen an. Zum Vergleich brauchen
Sie nur zurückzublättern.

| DFA | DFR | JIL | JOZ | JOK | EAS | FED | FET |

➤ Reisen

Erinnern Sie sich noch, in welchen Städten der Intercity
nicht gehalten hat?

Ein Tip: Es waren zwei:

_____

_____

Phase III:
Merk-Zettel

Der Blutkreislauf

Der Blutkreislauf ist der Umlauf des Blutes im Körper in einem geschlossenen Blutgefäßsystem. Er dient dem Energietransport, der Sauerstoffversorgung und Entschlackung der Körperzellen. Der „Kreislaufmotor" ist das Herz. Es schlägt 60 bis 70 mal in der Minute und stößt dabei durch die Herzklappen, die als Ventil funktionieren, 0,08 l Blut pro Schlag aus. Das sind 5 l in der Minute, nahezu die gesamte Blutmenge des Körpers. In einem Tag sind das 8000 l Blut, in einem Jahr 3 Millionen Liter. 200 Millionen Liter in 70 Jahren! Eine ungeheure Leistung. Zwei voneinander getrennte Herzhälften verknüpfen zwei hintereinander geschaltete Kreisläufe, den großen Körperkreislauf und den kleinen Lungenkreislauf. Beim Körperkreislauf gelangt von der linken Herzkammer aus das Blut in große, dickwandige Adern, die Arterien. Diese verzweigen sich in zahlreiche, immer dünner werdende, schließlich hauchdünne Adern, die Kapillaren. Ein Haar ist 10 mal so dick. Die Kapillaren liefern den Zellen Nährstoffe, damit der Zellstoffwechsel stattfinden kann. Von den Kapillaren treten die Nährstoffe in die Zelle. Die Kapillare sammeln sich wieder zu größeren Adern, den Venen, die das Blut zum Herz zurückführen.

Das Blut, das aus dem unteren Körper in den Venen zurückfließt, nimmt vom Dünndarm Nährstoffe auf und fließt dann durch die Leber. Dort werden Gifte entzogen, Nährstoffe gespeichert, Eiweiß, Zucker und Fett umgewandelt. Das dunkle, jetzt nährstoffreiche, aber sauerstoffarme Blut fließt in die rechte Herzkammer zurück. Der Lungenkreislauf geht von der rechten Herzkammer aus. Jetzt wird alles Blut in die Lunge gepumpt. In den feinsten Kapillaren, die in den Lungenbläschen enden, kann das Kohlendioxid (ein Rückstand des Zellstoffwechsels) austreten und Sauerstoff aufgenommen werden. Das jetzt auch sauerstoffreiche Blut fließt durch die Lungenvenen in die linke Herzkammer. Jetzt wird das sauerstoff- und nährstoffreiche Blut wieder in den großen Körperkreislauf gepumpt.

2. Woche - 4. Übungstag

Planungsbogen für den Tag   Datum:

Vormittag: *Gehirn-Jogging*

Nachmittag:

Abend:

Mein besonderes Tagesziel:

Phase III:
Merk-Zettel – Fragen zum Vortag

Wissenswertes

■ Was ist Verdauung?

_____

_____

■ Welche Stoffe ermöglichen die Verdauung?

_____

_____

■ Warum schmeckt Brot nach langem Kauen süßlich?

_____

_____

■ Was geschieht mit den Speisen im Magen und Darm?

_____

_____

2. Woche - 4. Übungstag

Haben Sie gestern Ihren Tagesplan eingehalten? Schreiben
Sie hier bitte auf, was Sie gestern erledigt haben.

Vormittag: _Gehirn-Jogging_

Nachmittag:

Abend:

Mein besonderes Tagesziel:

Phase IV:
Denk-Mal

Im zweiten Bild dieses schönen Autos haben sich 10 Fehler eingeschlichen. Versuchen Sie bitte, alle zu finden.

Lern-Strategie

Das Einprägen von Einkaufslisten
Falls Sie einmal während des Einkaufens feststellen, daß Sie Ihre Einkaufsliste vergessen haben, können Sie sich mit dieser Technik dennoch an alles erinnern.

Überlegen Sie, was Sie kochen wollten. Stellen Sie sich aber nicht nur einfach den Begriff vor, z. B. Rouladen, sondern machen Sie Kopf-Kino. Mit Hilfe des Kopf-Kinos „sehen" Sie sich zu Hause an Ihrem Herd. Sie sehen, wie Sie das Mittagessen Schritt für Schritt zubereiten. Während Sie sich das vorstellen, erinnern Sie sich an alles, was Ihnen noch fehlt und Sie nun kaufen müssen.

2. Woche - 4. Übungstag

Fragen Sie! Immer wieder Fragen stellen!

Ist Ihnen aufgefallen, wie Kinder Ihre Umgebung kennenlernen? Sie beobachten nicht nur oder machen etwas nach, sondern sie fragen auch: Vater, Mutter, Opa, Oma, Tante usw.

Für die Erwachsenen ist das manchmal vielleicht lästig, aber für die Kinder ist es enorm wichtig. Sie stillen so nicht nur ihre Neugierde, sondern lernen und erleben: Sie nehmen aktiv am Leben teil. Das möchte und sollte aber auch die erfahrene Generation. Ein Mittel dazu ist also, Fragen zu stellen. Dies kann zu einer neuen Lebenseinstellung führen: „Wer fragt hat Zukunft."

Selbstverständlich kann man nicht auf jede Frage immer eine Antwort bekommen. Man wird vielleicht auch nicht immer etwas Neues oder Wichtiges erfahren. Aber manchmal oder oft eben doch. Und kaum etwas ist spannender und aufregender als Neuigkeiten. Deshalb ist das Fragen nicht nur etwas für die Jugend, sondern für jeden, der jugendlich bleiben will!

Wenden Sie das Fragenstellen ab heute täglich an. Wenn Sie in einem Gespräch mit einem Bekannten Fragen stellen, können Sie noch mehr erfahren.

Das Fragen hat aber noch zwei zusätzliche Wirkungen: Ein Gespräch wird aufgelockert und Ihr Gesprächspartner merkt, daß Sie sich für ihn interessieren. Sie können mit Fragen also auch den Kontakt zu Ihren Mitmenschen verbessern.

Phase IV:
Lösung und Denk-Netz

Diese 10 Fehler waren es. Haben Sie sie gefunden?

Kür-Phase V:
Kopf-Kino

Denk-Netz

**Hier ist Platz für Ihr Denk-Netz zum „Wissenswerten"
aus dem Merk-Zettel von heute.**

Führen Sie heute Kopf-Kino durch, um Ihre geistigen Vorstellungskräfte für Gesundheit, Ausgeglichenheit und für das Lösen von Alltagsproblemen zu nutzen.
Auch beim Planen, Merken und Erinnern ist es hilfreich.

Phase I:
Aufwärmübung

1. Teil: Atemtechnik

Denken Sie bitte an den Atem-Rhythmus:

6 Pulsschläge lang einatmen, 3 Pulsschläge lang die Luft anhalten, 6 ausatmen (dabei einen U-Ton erzeugen), 3 Pause und wieder langsam einatmen.

Wiederholen Sie diesen Atem-Rhythmus etwa 10 mal.

Schließen Sie dabei bitte die Augen, und stellen Sie sich das Bild einer langsamen, gleichmäßigen Bewegung vor: langsam anrollende und ausrollende, riesige Meereswellen; sich im leichten Wind bewegende Kornfelder; sich majestätisch wiegende Baumwipfel; langsam am Himmel ziehende Wolken.

182

2. Woche - 5. Übungstag

2. Teil: Gymnastische Übungen

Brust-Schwimmen

Diese Übung ist gut für Ihre Arme und Brust. Sie können sie im Liegen, Stehen oder Sitzen ausführen. Strecken Sie beide Arme, mit einander zugekehrten Handflächen, nach vorn. Drehen Sie die Handflächen nach außen, und führen Sie beide Arme in weiten Kreisen von sich weg, als ob Sie Wasser zurückdrängen müßten. Ziehen Sie die Arme zur Brust, und drehen Sie die Handflächen zueinander. Wiederholen Sie die Übung etwa 10 mal. Dann lassen Sie die Arme hängen und entspannen.

Isometrische Übungen

Führen Sie die Übung 3 mal durch. Spannen Sie Ihre Muskeln jeweils 6 Sekunden lang mit maximaler Kraft an, und lassen Sie dann sofort los, und entspannen Sie. Vergessen Sie nicht, auch während der Anspannung zu atmen.

Legen Sie sich ausgestreckt auf den Rücken. Beugen Sie ein Bein, und umfassen Sie mit gefalteten Händen das Knie. Pressen Sie das Knie kräftig nach unten gegen den Widerstand der Hände. Danach üben Sie mit dem anderen Bein.

Phase II:
Basistraining

1. Teil: Informationsaufnahme

Ausschnitt

Unten sehen Sie ein großes Quadrat und fünf kleine. Eins paßt
genau in das große Quadrat. Welches ist es?

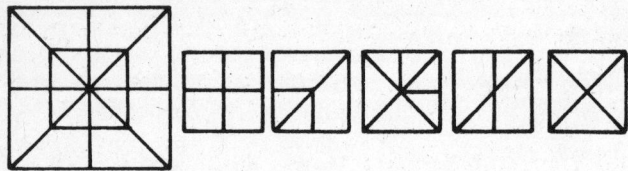

Wortsuchspiel

Hier sind Wörter in allen möglichen Richtungen geschrieben.
Versuchen Sie, die Wörter schnell zu finden, und kreisen Sie
sie ein.

Die versteckten Wörter heißen:

**ALLEE – BEWEIS – BRIEF – HURRIKAN – LEDER – MILZ –
REISE – SEEMANN– ZWIEBACK**

Zwei Beispiele haben wir Ihnen gegeben, den Rest werden Sie
bestimmt finden:

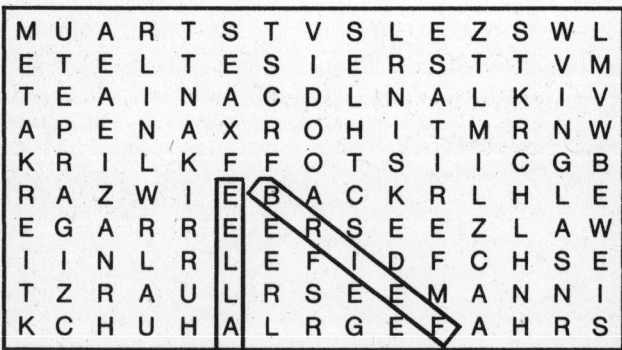

2. Woche - 5. Übungstag

2. Teil: Informationsspeicherung

Postleitzahlen

Können Sie sich die Postleitzahlen dieser Städte und Gemeinden merken?

33689 Bielefeld   54441 Kastell-Staadt   93164 Laaber

77787 Nordrach   67377 Gommersheim

Blättern Sie jetzt bitte um. ➤

Wortliste

Versuchen Sie bitte, sich folgende Wörter einzuprägen:
Pferd — Hammer — Gras — Nagel — Baum — Sattel — Strauch — Bild

Danach blättern Sie bitte um. ➤

Phase II:
Lösungen und Fortsetzungen

Ausschnitte

Das zweite kleine Quadrat paßt genau in das große!

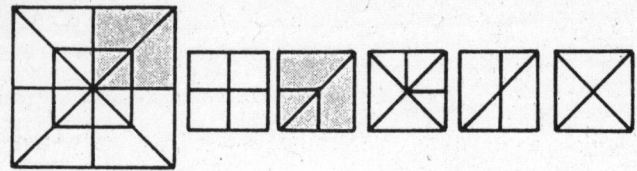

Wortsuchspiel

Haben Sie alle versteckten Wörter gefunden?

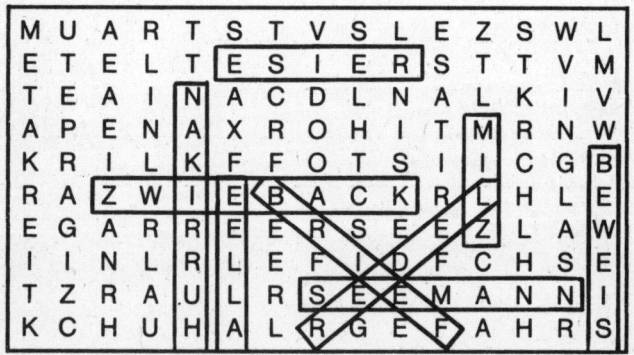

2. Woche - 5. Übungstag

➤ Postleitzahlen

Erinnern Sie sich noch an die Postleitzahlen?

_____ Bielefeld _____ Kastel-Staadt _____ Laaber

_____ Nordrach _____ Gommersheim

Wie viele haben Sie gewußt? Nicht alle? Beim nächsten Mal wird es bestimmt besser!

➤ Wortliste

Konnten Sie alle Begriffe behalten?
Schreiben Sie hier möglichst viele auf. Die Reihenfolge ist dabei nicht wichtig.

_____

_____

_____

_____

Phase III:
Merk-Zettel

Wissenswertes

Der Zellstoffwechsel

Der Stoffwechsel ist die Gesamtheit aller biochemischen Vorgänge im Körper, die dem Aufbau, dem Umbau, der Erneuerung, der Erhaltung der Körpersubstanz und der Aufrechterhaltung der Körperfunktionen dienen. Bei den Stoffwechselprozessen werden die Energiebausteine chemisch abgebaut und in Zellsubstanz, Wärme und Arbeit umgewandelt.

Zwischen Kapillaren und Zellen, die sehr dünnwandig sind, findet der Stoffwechsel von Sauerstoff, Kohlendioxid, Salzen, Nährstoffen, Hormonen, Vitaminen und anderen Stoffwechselprodukten statt. Dabei treten die Stoffe durch einen physikalischen Vorgang aus der Blutbahn in die Gewebsflüssigkeit der Zelle und von dort wieder in die Blutbahn über. Die Stoffe werden also von den Zellen aufgenommen. Dabei entsteht beim Abbau der Nährstoffe Energie in den Zellen, die zum Betrieb und der Funktion der Zellen notwendig ist. In den Zellen wird ständig für den Abbau Sauerstoff verbraucht. Der Sauerstoff verbindet sich mit dem Kohlenstoff der Nährstoffe. Bei diesem Prozeß wird die Energie freigesetzt.

Als weiteres Endprodukt entsteht Kohlendioxid. Diese Endprodukte werden von dem jetzt sauerstoff- und nährstoffarmen Blut zum Herz und dann zur Lunge zur Ausscheidung von Kohlendioxid geführt.

Ein weiters Endprodukt ist Wasser. Es entsteht durch die Verbindung von Wasserstoff und Sauerstoff. Das Wasser wird mit weiteren Stoffwechselrückständen wie Harnstoff und Harnsäure in der Niere aus dem Blut gefiltert. Wärmeproduktion, Bewegung, Bildung von Drüsensaft, Abwehr von Krankheiten, Um- und Abbau verbrauchter Teile sowie Wiederaufbau, Zellteilung und Wachstum sind Lebensvorgänge in den Zellen, die durch die Umwandlung der Energiebausteine ermöglicht werden. Die Energiemenge wird seit 1977 in Joule gemessen. Üblicherweise rechnen wir in Kalorien. Eine Kalorie entspricht rund 4,2 Joule.

2. Woche - 5. Übungstag

Planungsbogen für den Tag   **Datum:** _____

Vormittag: _Gehirn-Jogging_ _____

_____

_____

_____

_____

Nachmittag: _____

_____

_____

_____

_____

_____

_____

Abend: _____

_____

_____

Mein besonderes Tagesziel: _____

_____

_____

_____

_____

Phase III:
Merk-Zettel – Fragen zum Vortag

■ Was versteht man unter Blutkreislauf?

_____

_____

■ Welche Arbeit und Leistung vollbringt das Herz?

_____

_____

■ Wie fließt das Blut in den Körper und zu den einzelnen Zellen?

_____

_____

■ Welche Aufgabe hat die Leber?

_____

_____

■ Was geschieht mit dem Blut im Lungenkreislauf und in der Lunge?

_____

_____

2. Woche - 5. Übungstag

Zum Tagesplan des Vortages

Haben Sie gestern Ihren Tagesplan eingehalten? Schreiben
Sie hier bitte auf, was Sie gestern erledigt haben.

Vormittag: _Gehirn-Jogging_

_____

_____

_____

Nachmittag: _____

_____

_____

_____

Abend: _____

_____

_____

Mein besonderes Tagesziel: _____

_____

_____

_____

Phase IV:
Denk-Mal

Santa Clothilda

Im Hamburger Hafen liegt ein Schiff am Kai 13, die Santa Clothilda. Es ist Ebbe. Von der Bordwand hängt eine Strickleiter herab, weil der Lotse an Bord gehen wird.

Die unterste Sprosse der Strickleiter berührt den Wasserspiegel. Die Strickleiter hat insgesamt 25 Sprossen. Der Abstand zwischen den Sprossen beträgt 30 cm. Nun setzt die Flut ein, die das Wasser in jeder Stunde um 50 cm steigen läßt. In 4 Stunden wird das Schiff auslaufen können. Wie lange wird es dauern, bis der Wasserspiegel die fünftunterste Sprosse erreicht?

Lern-Strategie

Wortliste

Erinnern Sie sich an die „Hierarchie-Strategie" aus dem 1. Wochenprogramm? Eine solche hierarchische Ordnung kann man z. B. auch bei der Wortliste von Seite 185 anwenden, um das Erinnern zu erleichtern.

Eine andere Möglichkeit wäre aber auch, die Begriffe zu **Gruppen** zusammenzufassen, die inhaltlich zusammengehören und sich ergänzen: z. B.:

Pferd – Sattel
Hammer – Nagel – Bild
Gras – Baum – Strauch

Wenn Sie sich an ein Wort der Gruppe erinnern, werden Ihnen die übrigen dieser Gruppe leicht einfallen, weil die Begriffe einfach zusammengehören. Sie sind wie beim Denk-Netz in Ihrem Gedächtnis miteinander verknüpft.

Probieren Sie diese Strategie jetzt einmal bei dieser Wortliste aus:

Spaten – Schwein – Ofen – Kartoffel – Wurst – Schnee – Garten – Kohlen

2. Woche - 5. Übungstag

Gedichte

Früher mußten Schüler noch sehr oft Gedichte oder Lieder auswendig lernen. Erinnern Sie sich an einige?
Versuchen Sie doch wieder einmal, solche alten Schul-Gedichte aufzusagen!

Noch mehr Spaß macht das mit Freunden aus dieser Zeit. Laden Sie sich einige alte Freunde ein, und sagen Sie sich gegenseitig Gedichte auf. Zum Eingewöhnen können Sie sie ja erst einmal vorlesen. Vielleicht macht Ihnen das einen solchen Spaß, daß Sie auch neue Gedichte lesen oder aufsagen wollen. Schließlich gehört es einfach zu einem Gedicht, daß es vorgetragen wird.

Wie wäre es mit Schillers „Lied von der Glocke", oder dem „Taucher"?

 # Phase IV:
Lösung und Denk-Netz

Santa Clothilda

Der Wasserspiegel wird die fünftunterste Sprosse nie erreichen.

Einem Schiff ist es ja schließlich zu eigen, daß es **auf** dem Wasser schwimmt. Wenn die Flut steigt, wird es natürlich mit emporgehoben, so daß auch weiterhin immer nur die unterste Sprosse den Wasserspiegel berühren wird.

 # Kür-Phase V:
Kopf-Kino

Denk-Netz

**Hier ist Platz für Ihr Denk-Netz zum „Wissenswerten"
aus dem Merk-Zettel von heute.**

Führen Sie heute Kopf-Kino durch, um Ihre geistigen Vorstellungskräfte für Gesundheit, Ausgeglichenheit und für das Lösen von Alltagsproblemen zu nutzen.
Auch beim Planen, Merken und Erinnern ist es hilfreich.

Phase I:
Aufwärmübung

1. Teil: Atemtechnik

Denken Sie bitte an den Atem-Rhythmus:

6 Pulsschläge lang einatmen, 3 Pulsschläge lang die Luft anhalten, 6 ausatmen (dabei einen U-Ton erzeugen), 3 Pause und wieder langsam einatmen.

Wiederholen Sie diesen Atem-Rhythmus etwa 10 mal.

Schließen Sie dabei bitte die Augen, und stellen Sie sich das Bild einer langsamen, gleichmäßigen Bewegung vor: langsam anrollende und ausrollende, riesige Meereswellen; sich im leichten Wind bewegende Kornfelder; sich majestätisch wiegende Baumwipfel; langsam am Himmel ziehende Wolken.

2. Woche - 6. Übungstag

Radfahren

Diese Übung ist gut für Beine und Oberschenkel. Legen Sie sich flach auf den Rücken, Ihre Hände unterstützen das Becken. Strecken Sie Ihre Beine hoch, und beginnen Sie mit gleichmäßigen, kreisförmigen Bewegungen, als ob Sie wirklich radfahren. Beginnen Sie langsam, und steigern Sie dann mit flüssigen Bewegungen das Tempo.
Führen Sie die Übung etwa 1 Minute lang durch.

Isometrische Übungen

Führen Sie die Übung 3 mal durch. Spannen Sie Ihre Muskeln jeweils 6 Sekunden lang mit maximaler Kraft an, und lassen Sie dann sofort los, und entspannen Sie. Vergessen Sie nicht, auch während der Anspannung zu atmen.

Strecken Sie die Arme bitte nach vorne. Die Handflächen zeigen nach unten. Legen Sie die linken Finger auf die Oberseite der rechten Finger. Nun drücken Sie die linke Hand nach unten, die rechte nach oben. Dann wiederholen Sie die Übung umgekehrt.

Phase II:
Basistraining

1. Teil: Informationsaufnahme

Die zwei Kreise

Versuchen Sie bitte, die folgende Frage ohne Benutzung von Hilfsmitteln zu beantworten:

Welcher von den beiden inneren Kreisen ist größer?

Kneifen Sie Ihre Augen zu Schlitzen zusammen, dann sehen Sie besser!

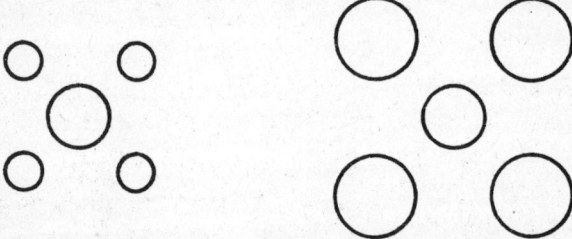

Buchstabenlücken

Bei diesem Spiel können Sie aus zwei vorgegebenen Buchstaben so viele Wörter wie möglich machen. Stellen Sie sich die beiden Buchstaben **B** und **R** als ein Wort vor, bei dem die Vokale (a, e, i, o, u), die Umlaute (ä, ö, ü) und die Doppellaute (au, ai, eu, ei) fehlen und ergänzt werden können.

Zwei Beispiele geben wir Ihnen:

aber, Ober

Wie viele Wörter fallen Ihnen ein?

Das Spiel kann man zu zweit oder in einer Gruppe spielen.

Jetzt sind Sie an der Reihe:

2. Teil: Informationsspeicherung

Zahlenpaare

Prägen Sie sich bitte folgende Zahlenpaare ein.
Danach blättern Sie bitte um. ➤

4	2	1	7	3
9	5	8	6	0

Gemüse einkaufen

Versuchen Sie, sich das Gemüse zu merken. ➤

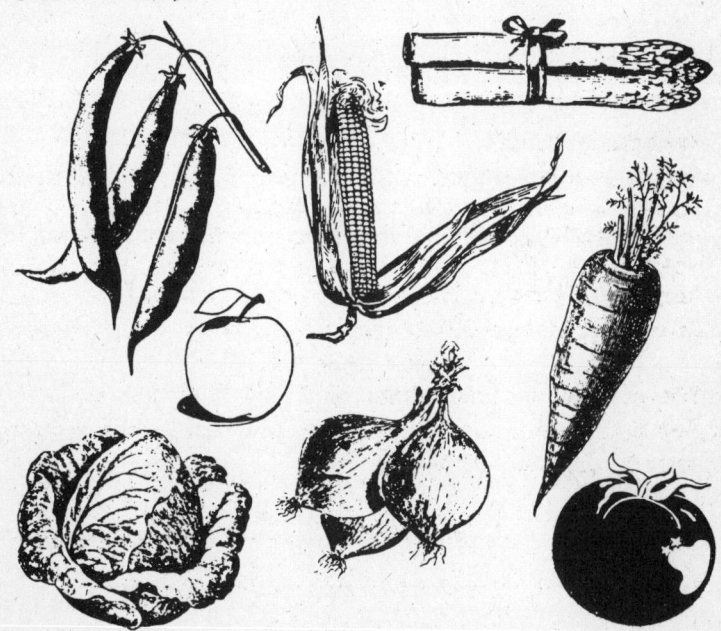

Phase II:
Lösungen und Fortsetzungen

Die zwei Kreise

Der linke Kreis scheint größer zu sein als der rechte. Aber das ist nur eine optische Täuschung!

Sie entsteht durch die vier umgebenden, verschieden großen Kreise. Je schneller Sie von einem inneren Kreis auf den anderen schauen, desto stärker ist die optische Täuschung.

Tatsächlich sind aber beide mittleren Kreise genau gleich groß.

Buchstabenlücken

Hier sind einige Möglichkeiten:
Bar, Bär, Bier, Beere, Brei, Bauer, Büro, Ebro, über...

Fortsetzungen

► Zahlenpaare

Ergänzen Sie die jeweils fehlende Zahl.

4			7	3
	5	8		

► Gemüse einkaufen

Wissen Sie noch, welches Gemüse Sie gesehen haben? Schreiben Sie es hier bitte auf.

_____

_____

_____

_____

_____

Ist Ihnen etwas aufgefallen?

Welches „Gemüse" ist gar kein Gemüse?

Lösung:

Richtig, der Apfel. Das ist nämlich Obst.

Phase III:
Merk-Zettel

Das Nervensystem

Das Nervensystem ist die Gesamtheit von Milliarden von Nervenzellen des Nervengewebes als Funktionseinheit. Das Nervensystem kann Reize aufnehmen, verarbeiten, teilweise speichern, koordinieren und darauf reagieren. Hinzu kommen Leistungen des Verknüpfens und des Lernens. Nervenstränge kann man sich wie elektrische Leiterbahnen vorstellen, weil die Information (Reiz) in kleinsten Stromstößen von der Sinneszelle zum Rückenmark oder Gehirn weitergeleitet wird. Das wird durch die Energie, die in den Zellen gespeichert ist, möglich.

Man unterscheidet das zentrale, das äußere und das vegetative Nervensystem. Das zentrale Nervensystem umfaßt Gehirn und Rückenmark. Das äußere Nervensystem umfaßt alle Nervenstränge, die von den äußeren Nerven (Sinneszellen) Meldungen zum Rückenmark und zum Gehirn bringen (die heißen sensorische Nerven) und alle Nervenstränge, die von dort Befehle an die Muskeln leiten (das sind die motorischen Nerven). Das vegetative Nervensystem regelt Eingeweidetätigkeiten wie Verdauung, Körper- und Lungenkreislauf, Stoffwechsel, Drüsenarbeit und Ausscheidungen. Es dient der Steuerung der Überlebensvorgänge. Deshalb arbeitet das vegetative Nervensystem fast völlig selbständig. Denn würden wir persönlich eingreifen, könnte das unter Umständen katastrophale Folgen haben.

Informationen werden durch eine Vielzahl von Sinneszellen aufgenommen. Jede Sinneszelle kann eine bestimmte Empfindung „wahrnehmen". Es gibt sie für Wärme, Kälte, Druck, Schmerz, Licht, Gerüche, Geräusche usw. Viele dieser Sinneszellen sind über den ganzen Körper verteilt. Andere sind zu hochempfindlichen Sinnesorganen zusammengebündelt und weiterentwickelt: Auge, Ohr, Nase, Zunge. Empfindungen können mit diesen Organen viel schneller und genauer wahrgenommen werden.

Im Rückenmark in der Wirbelsäule werden die Nervenbahnen gebündelt und gehen von hier in das Gehirn. Beim Menschen ist das Gehirn besonders weit entwickelt und versetzt ihn dadurch in den Stand, sich eigene Werkzeugorgane zu schaffen, mit denen er sich die Welt und immer größere Energiemengen erschließen kann.

2. Woche - 6. Übungstag

Planungsbogen für den Tag   **Datum:** _____

Vormittag: _Gehirn-Jogging_ _____

_____

_____

_____

_____

Nachmittag: _____

_____

_____

_____

_____

_____

Abend: _____

_____

_____

_____

Mein besonderes Tagesziel: _____

_____

_____

_____

Phase III:
Merk-Zettel – Fragen zum Vortag

■ Was versteht man unter Stoffwechsel?

_____

_____

■ Was geschieht mit den Energiebausteinen?

_____

_____

■ Welche Organe dienen der Ausscheidung verbrauchter Stoffe?

_____

_____

■ Welche Lebensvorgänge in den Zellen werden durch die Umwandlung der Energiebausteine ermöglicht?

_____

_____

2. Woche - 6. Übungstag

Zum Tagesplan des Vortages

Haben Sie gestern Ihren Tagesplan eingehalten? Schreiben Sie hier bitte auf, was Sie gestern erledigt haben.

Vormittag: *Gehirn-Jogging*

Nachmittag:

Abend:

Mein besonderes Tagesziel:

Phase IV:
Denk-Mal

Tierische Rekorde

1. Das schnellste Landtier erreicht eine Geschwindigkeit von 120 Stundenkilometer. Wissen Sie, um welches Tier es sich handelt?

2. Welches Tier hat die größten Ohren und kann damit eine Fläche von acht Quadratmetern bedecken?

3. Welches Tier hat mit einer ständigen Temperatur von 40,7 Grad die höchste Körpertemperatur unter allen Säugetieren?

4. Wo kann man die größte Ansammlung von Lebewesen finden?

5. Welches Tier wird am langsamsten geschlechtsreif und benötigt von der Geburt bis zur Fortpflanzungsfähigkeit 22 Jahre?

6. Welches Tier produziert die größten Eier (32 Zentimeter)?

Tip des Tages

Das Klima in Ihrer Stadt

Vielerlei beeinflußt unser Klima und Wetter:

Abgase von Autos, Industrieanlagen, Heizungen, Haus- und Sondermüll-Verbrennungsanlagen und Fluorchlorkohlenwasserstoffe, z. B. aus Spraydosen und Kühlschränken. Außerdem steigt die Temperatur durch die vielen Kraftwerke, Heizungen und Klimaanlagen stetig an.

Versuchen Sie doch einmal, die Qualität des Klimas Ihres Wohnortes einzuschätzen. Ist es Ihrer Meinung nach gut — mittelmäßig — weniger gut? War es früher anders, besser?

Wenn Sie der Meinung sind, daß es einmal besser war, überlegen Sie, wie es wieder zu verbessern wäre. Die Verwendung von Filtern in Kraftwerken oder von Katalysatoren in Autos sind z. B. Möglichkeiten.

Schreiben Sie Ihrem Bürgermeister einen Brief, und machen Sie ihm einige Vorschläge. Oder werden Sie selbst aktiv. Pflanzen Sie z. B. einen Baum, denn Bäume verringern den Staubgehalt in der Luft, reduzieren die Temperatur und erhöhen den Sauerstoffgehalt. Außerdem erfreut der Anblick eines Stückchens Natur.

Bitten Sie Freunde und Bekannte, es Ihnen gleich zu tun, und auch etwas zur Verbesserung der Umwelt beizutragen.

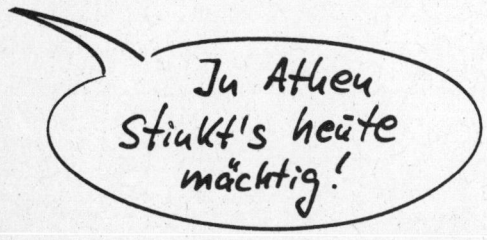

207

 # Phase IV:
Lösung und Denk-Netz

Tierische Rekorde

1. Es ist der Gepard.

2. Der afrikanische Elefant.

3. Der Wolf.

4. In Gartenerde (viele Millionen von Bakterien, Algen, Pilzen und einzelligen Tieren).

5. Der Aal.

6. Der Walhai.

 # Kür-Phase V:
Kopf-Kino

Denk-Netz

Hier ist Platz für Ihr Denk-Netz zum „Wissenswerten"
aus dem Merk-Zettel von heute.

Führen Sie heute Kopf-Kino durch, um Ihre geistigen Vorstellungskräfte für Gesundheit, Ausgeglichenheit und für das Lösen von Alltagsproblemen zu nutzen.
Auch beim Planen, Merken und Erinnern ist es hilfreich.

Phase I:
Aufwärmübung

1. Teil: Atemtechnik

Denken Sie bitte an den Atem-Rhythmus:

6 Pulsschläge lang einatmen, 3 Pulsschläge lang die Luft anhalten, 6 ausatmen (dabei einen U-Ton erzeugen), 3 Pause und wieder langsam einatmen.

Wiederholen Sie diesen Atem-Rhythmus etwa 10 mal.

Schließen Sie dabei bitte die Augen, und stellen Sie sich das Bild einer langsamen, gleichmäßigen Bewegung vor: langsam anrollende und ausrollende, riesige Meereswellen; sich im leichten Wind bewegende Kornfelder; sich majestätisch wiegende Baumwipfel; langsam am Himmel ziehende Wolken.

2. Teil: Gymnastische Übungen

Waage-Übung

Diese Übung ist gut für Ihre Arme und Schultern. Außerdem trainieren Sie auch Ihr Gleichgewicht. Sie können sie im Sitzen oder Stehen ausführen. Heben Sie Ihre Arme seitwärts hoch bis auf Kopfhöhe. Nun heben Sie Ihren rechten Arm ganz hoch und senken gleichzeitig den linken nach unten. Dann wechseln Sie und pendeln mit Ihren Armen etwa 10 mal gleichmäßig auf und ab.

Lassen Sie dann beide Arme nach unten baumeln und entspannen.

Isometrische Übungen

Führen Sie die Übung 3 mal durch. Spannen Sie Ihre Muskeln jeweils 6 Sekunden lang mit maximaler Kraft an, und lassen Sie dann sofort los, und entspannen Sie. Vergessen Sie nicht, auch während der Anspannung zu atmen.

Stellen Sie ein Bein mit gestrecktem Knie auf einen Hocker. Halten Sie den Körper so gerade wie möglich. Pressen Sie die Ferse fest auf den Hocker. Üben Sie danach mit dem anderen Bein.

Phase II:
Basistraining

1. Teil: Informationsaufnahme

m-Suchen

Versuchen Sie bitte, so schnell wie möglich alle **m** anzustreichen:

f d m s n m k l d m f r e m k v m d s f g h j k k l m c s
x m s c g m w s f t m i o f v m g k b n b v m f m h g x d
d g s c z u o p m d g m f r t m w q a r f m g h m s d f g
f g z i o m f c s x m g m f e t z i m z u d g h j m l k o
d g h n m d n f r t z d n k m f d v m f n m g m d s a w e
d f t z u m l k h m n b n h n f m f h j k e n z n u o c m
f g h c v b n h n h m k m d f g h t i o p l w d c m v n m
d v f b j n k m i n m d e w w s f g h v b m n g b u k l m
d c b n m f v n k m l k i o k m d c d a v h b h n j m h s

Wie viele m sind es?

Buchstabenraster

Versuchen Sie bitte so schnell wie möglich, die versteckten
Wörter zu finden. Die Lösung finden Sie auf Seite 214.
Ein Beispiel:

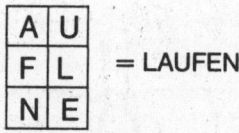

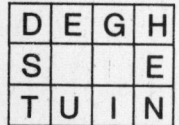

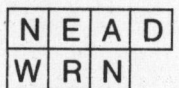

2. Woche - 7. Übungstag

2. Teil: Informationsspeicherung

Bekannte Namen
Bitte merken Sie sich folgende Namen und Lebensdaten.
Die Namen kennen Sie bestimmt.
Danach bitte umblättern. ➤

Charles Robert Darwin   1809 – 1882
Wilhelm Busch   1832 – 1908
Charlie Chaplin   1889 – 1977

Weiß mit Schwarz
Prägen Sie sich die Figuren bitte genau ein.
Nach ca. 1 Minute blättern Sie um und setzen die Aufgabe
fort. ➤

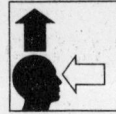

Phase II:
Lösungen und Fortsetzungen

m-Suchen

f d m s n m k l d m f r e m k v m d s f g h j k k l m c s
x m s c g m w s f t m i o f v m g k b n b v m f m h g x d
d g s c z u o p m d g m f r t m w q a r f m g h m s d f g
f g z i o m f c s x m g m f e t z i m z u d g h j m l k o
d g h n m d n f r t z d n k m f d v m f n m g m d s a w e
d f t z u m l k h m n b n h n f m f h j k e n z n u o c m
f g h c v b n h n h m k m d f g h t i o p l w d c m v n m
d v f b j n k m i n m d e w w s f g h v b m n g b u k l m
d c b n m f v n k m l k i o k m d c d a v h b h n j m h s

Haben Sie alle m gefunden? Es sind 43.

Buchstabenraster
Die Wörter heißen:
GESUNDHEIT, WANDERN, VITAMINE

2. Woche - 7. Übungstag

Fortsetzungen

➤ **Bekannte Namen**
Ergänzen Sie bitte die fehlenden Angaben.
Blättern Sie erst danach zum Vergleich zurück.

Charles _____   1809 − 1882

_____ Busch   1832 − _____

_____ _____   1889 − 1977

➤ **Weiß mit Schwarz**
Erkennen Sie die Figuren wieder, die auf der Vorderseite abgebildet waren?
Welche waren es? Zur Kontrolle können Sie gleich zurückblättern.

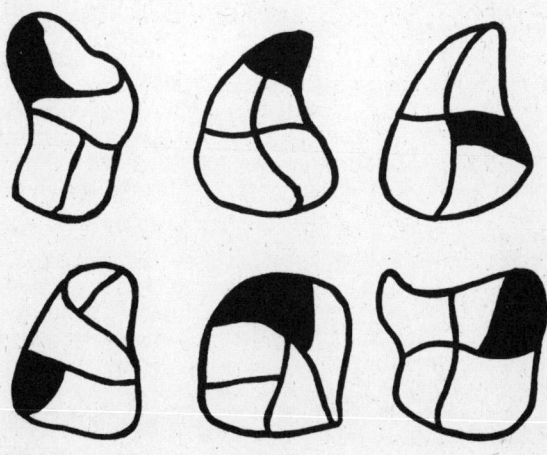

Phase III:
Merk-Zettel

Wahrnehmen und Erkennen, Denken und Handeln

Denken Sie an eine Fahrt von Hamburg nach München. Viele Millionen von Sinneseindrücken strömen auf Sie ein: Autos, Bäume, Häuser etc. Wollte unser Gehirn all diese Informationen speichern, wäre es schnell überfordert und wir wären handlungsunfähig. Die Informationsflut muß deshalb schon als Schutz gefiltert werden.

Kommt ein Reiz aus der Umwelt über unsere Sinnesorgane und Nervenstränge in unser Gehirn, wird dieser Reiz blitzschnell durch Vergleich geprüft. Wird er als unbedeutend, also als nicht gefährlich eingestuft, zerfällt er. War der Reiz stärker, gelangt er in unser Kurzzeitgedächtnis, Kurzspeicher genannt, wir nehmen ihn war. Das ist der Ort der bewußten Informationsverarbeitung. Der Kurzspeicher macht uns handlungsfähig.

Die Kurzspeicherkapazität setzt sich zusammen aus der Informationsaufnahmegeschwindigkeit und der Verweildauer der Informationen im Kurzspeicher. Diese beiden Grundgrößen kann man trainieren. Hier liegt ein Hauptgrund des Gehirn-Joggings. Wenn wir die Kapazität erweitern, können wir besser kurzfristig behalten, folgern, sprechen. Die Kurzspeicherkapazität macht zusammen mit der biologischen Intelligenz unseren Intelligenzquotienten aus. Dieser ist entscheidend für unsere Kompetenz. Wenn die Informationen im Kurzspeicher besonders stark sind oder verstärkt werden, gelangen sie als „gelernt" ins Langzeitgedächtnis. Wahrscheinlich werden dabei Eiweißmoleküle mit den eingelagerten Informationen aufgebaut. Wir können noch viele Jahre lang auf diese Informationen zurückgreifen. Die grauen Gehirnzellen lassen sich nicht vermehren. Sie sterben aber auch nicht in dem großen Umfang ab, wie bisher geglaubt.

Die grauen Zellen werden von Eiweißzellen — Stützzellen — umgeben. Diese lassen sich auch im hohen Alter durch Training vermehren. Dadurch läßt sich ein Gehirn, das mangels Forderung geschrumpft war, wieder völlig aufbauen. Dadurch wird auch im hohen Alter das Denken, Lernen und Behalten möglich. Durch Atemtechnik und Gymnastik schaffen wir die beste „Arbeitsbereitschaft" für unser Gehirn, denn dadurch wird ihm viel Zucker und Sauerstoff zugeführt. ➤

2. Woche - 7. Übungstag

Mit dem Gehirn-Jogging trainieren wir besonders die Informationsaufnahmegeschwindigkeit und die Verweildauer im Kurzspeicher.
Wir erweitern also damit die Kurzspeicherkapazität und trainieren
unsere Merk-und Denkfähigkeit und unser Langzeitgedächtnis.
Durch Gehirn-Jogging werden unser Gehirn und unser Körper erheblich leistungsfähiger und gesunder.

Planungsbogen für den Tag   **Datum:**

Vormittag: _Gehirn-Jogging_

Nachmittag:

Abend:

Mein besonderes Tagesziel:

Phase III:
Merk-Zettel – Fragen zum Vortag

Wissenswertes

■ Was kann das Nervensystem?

_____

_____

■ Wie werden Reize weitergeleitet?

_____

_____

■ Welche unterschiedlichen Bereiche gibt es im Nervensystem und welche Aufgaben haben sie?

_____

_____

■ Wie werden Informationen und Eindrücke aufgenommen, wahrgenommen und weitergeleitet?

_____

_____

■ Was kann man trainieren?

_____

_____

2. Woche - 7. Übungstag

Zum Tagesplan des Vortages

Haben Sie gestern Ihren Tagesplan eingehalten? Schreiben
Sie hier bitte auf, was Sie gestern erledigt haben.

Vormittag: _Gehirn-Jogging_

Nachmittag:

Abend:

Mein besonderes Tagesziel:

 **Phase IV:
Denk-Mal**

Ländertypisches

In dieser Tabelle finden Sie einige Länder und Typisches für diese Länder.
Können Sie die Tabelle vervollständigen?

Deutschland	Schweiz			Japan
		Paris		Tokio
Deutsche Mark	Schweizer Franken	Franz. Franken		
Bier	Milch			Tee
Fußball	Skifahren	Boule-Spiel		

Lern-Strategie

Bilder einprägen

Wenn Sie sich ein Bild einprägen wollen, wird Ihnen das leichter gelingen, wenn Sie Einzelheiten des Bildes in Bild-beschreibende Worte übersetzen.

Zum Beispiel: links Baum — grün; rechts Auto — französisches Kennzeichen — rot; Mann — lange Haare — Bart; ...

Wenn Sie so verfahren, werden Sie viel mehr Einzelheiten behalten. Sie werden ein Bild nicht nur wiedererkennen, sondern auch beschreiben und vielleicht sogar nachzeichnen können.

2. Woche - 7. Übungstag

Der Weg zum Rathaus

Stellen Sie sich in Gedanken vor (Kopf-Kino), Sie würden zu einem großen Gebäude in Ihrer Nähe gehen z. B. zur Kirche, zum Rathaus, Bahnhof oder an einen anderen Ort.

Welche Straßen benutzen Sie? An welchen markanten Punkten und Gebäuden gehen Sie vorbei?

Versuchen Sie, sich den Weg genau vorzustellen, und notieren Sie hier einige wichtige Straßen und Gebäude:

_____

_____

_____

_____

_____

_____

Ist Ihnen die Aufgabe schwergefallen? Dann gehen Sie doch einmal diesen Weg, und beobachten Sie sehr genau, was es unterwegs alles an Gebäuden, Geschäften, Parks usw. gibt.

Entdecken Sie Ihre Stadt wie ein Tourist!

War Ihnen die Aufgabe zu einfach, dann versuchen Sie trotzdem, auf dem Weg etwas zu entdecken, was Sie bis dahin vielleicht nie gesehen oder beobachtet haben.

Phase IV:
Lösung und Denk-Netz

Ländertypisches

Das ist die Lösung:

Deutschland	Schweiz	Frankreich	Japan
Berlin	Bern	Paris	Tokio
Deutsche Mark	Schweizer Franken	Franz. Franken	Yen
Bier	Milch	Wein	Tee
Fußball	Skifahren	Boule-Spiel	Judo

Kür-Phase V:
Kopf-Kino

2. Woche - 7. Übungstag

Denk-Netz

Hier ist Platz für Ihr Denk-Netz zum „Wissenswerten"
aus dem Merk-Zettel von heute.

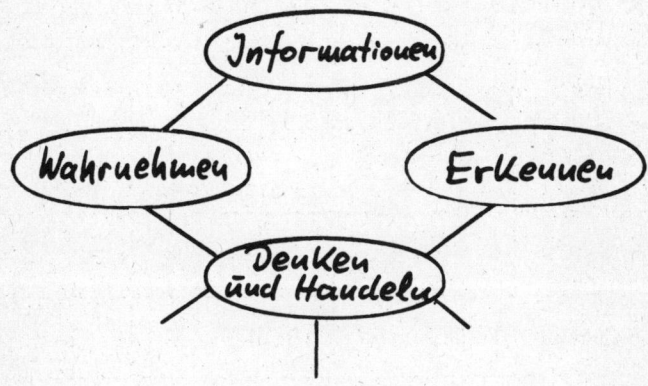

Führen Sie heute Kopf-Kino durch, um Ihre geistigen Vorstellungskräfte für Gesundheit, Ausgeglichenheit und für das Lösen von Alltagsproblemen zu nutzen.
Auch beim Planen, Merken und Erinnern ist es hilfreich.